福沢諭吉と渋沢栄一

学問と実業、対極の二人がリードした新しい日本

城島明彦

青春新書
INTELLIGENCE

明治維新以来の英雄豪傑には西郷、大久保、木戸らの諸公がいるが、いずれも短所がある。かれらを打って一丸とした者が二人ある。それは福沢諭吉翁と渋沢男（男爵）である。

——尾崎行雄

序──すべてにおいて対照的だった日本近代化の両雄

西郷隆盛、木戸孝允《きどたかよし》（桂小五郎《かつらこごろう》）、大久保利通は、徳川幕府を倒し、明治維新を実現した最大の功労者という意味で「維新の三傑」と呼ばれている。

彼らは政治家として新生日本を動かしたが、民間にも日本の近代化に大きく貢献した〝実業界の三傑〟と呼ぶべき偉人がいる。福沢諭吉、渋沢栄一、岩崎弥太郎である。人格とか後進育成といった点に重きを置けば、福沢諭吉と渋沢栄一が〝双璧〟だ。福沢は「教育界・言論界の巨人」で、渋沢は「実業界・慈善事業界の巨人」という違いはあったが、どちらも「日本近代化の先駆者」という点では共通している。

福沢と渋沢を比べると、福沢の方が人気度・知名度ともに圧倒的に高く、渋沢の方は一般にはあまり馴染みがなく、「知る人ぞ知る」「玄人好み」の観が強く、地味なイメージがあったが、ここにきて、俄然、脚光を浴びることになった。その理由は三つだ。

一つは、ＮＨＫが二〇二一（令和三）年の大河ドラマの主人公を渋沢栄一にしたこと。

一つは、一万円札の顔が二〇二四（令和六）年に四十年ぶりに福沢諭吉から渋沢栄一へと変わるということ。

そしてもう一つは、全国的人気をさらった甲子園球児の一人（二〇一八年のドラフト一位指名で中日ドラゴンズに入団した大阪桐蔭高校の根尾昂《ねおあきら》）が、渋沢栄一の代表作『論語と算盤』を愛読書と発言したのがきっかけで同書に注目が集まったこと。

渋沢人気を当て込んだ商法も登場中だ。たとえば、お堅いイメージのある岩波文庫が渋沢栄一の自叙伝『雨夜譚《あまよがたり》』の帯に一万円札の顔写真を使い、「新1万円札の顔、渋沢栄一。」というキャッチコピーを入れた。NHK大河ドラマも、従来の路線とは異質の商人を取り上げた点から推《お》して一万円札の新顔人気にあやかろうとしたのかもしれない。

前記の偉人のなかでは、渋沢だけが農民の出で、ほかの五人は武士の出（西郷・大久保は薩摩藩士、木戸孝允は長州藩士、福沢は中津《なかつ》藩士、岩崎弥太郎は土佐藩士）という違いも興味深く、しかも渋沢は一橋《ひとつばし》家（御三家に次ぐ御三卿《ごさんきょう》の一つ）に仕える武士に出世し、さらに当主の一橋慶喜が徳川幕府最後の第十五代将軍に選ばれたために幕臣になるという異色の経歴をたどったのも注目を集める点だ。

対する福沢は、一九八四年に一万円札の顔に使われるようになる以前から慶應義塾の創設者として有名である。それ以外にも、西洋文明の紹介者、独立自尊を説いた啓蒙主義者、咸臨丸《かんりんまる》で渡米したといったことを知っている人も多い。しかし何といっても、福沢諭吉といえば、『学問のすゝめ』という本を書き、「天は人の上に人を造らず、人の下に人を造らず」という同書の出だしは、あまねく世間に知れ渡っている。

自叙伝にしても、読んだかどうかは別として書名に関しては、『福翁自伝』の方が、前述した渋沢の『雨夜譚』よりも知られている。

福沢は、教育者にとどまらず、ジャーナリスト、著述家、演説の名手といった複数の顔をもち、文明開化の旗振り役として封建制度に洗脳された人々の啓蒙に全身全霊で尽力した。その主義主張をわかりやすい言葉でまとめたのが『学問のすゝめ』だった。

福沢の著書では『西洋事情』（初編・外編・二編）もよく知られているが、初編が世に出たのは『学問のすゝめ』より六年も前である。これらの書名から察しがつくように、福沢が教育者、啓蒙思想家、ジャーナリスト、著述家として力説・推進した点は、「先進的な西洋文明の移入による日本の近代化」である。その障害となっているとして福沢が危険視し、攻撃の矛先《ほこさき》を向けたのは、『論語』に代表される「漢学」や「儒教」だった。

福沢は、『福翁自伝』で、こう述懐している。

「今の開国の時節に、陳《ふる》く腐《くさ》れた漢説が後進少年生の脳中にわだかまっては、とても西洋の文明は国に入ることが出来ない（中略）日本国中の漢学者はみな来い、乃公《おれ》が一人で相手になろうというような決心であった」

〝反・論語〟――『論語』に代表される「儒教の教えが日本の近代化を阻害する最大の要因」というのが、福沢諭吉の主義信条だったのである。

一方、渋沢栄一は〝『論語』命《いのち》〟。福沢とは正反対の〝親・論語〟が主義信条だったが、渋沢の四男秀雄は「父は論語好きだが、道学者的《どうがくしゃ》ではなかった」といっている。道学とは、程兄弟（程顥《ていこう》・程頤《ていい》）と朱熹《しゅき》（朱子）が大成した宋代の儒教である「朱子学」（程朱学《ていしゅ》／宋学）をいう。独自の解釈を加えるなどして本来の『論語』の意味を歪めてしまったところが朱子学の大きな欠点で、それに異を唱えるのは渋沢も福沢も同じである。

渋沢は、『論語と算盤』について、次のように論述している。

「余は平生の経験から、自己の説として、『論語と算盤とは一致すべきものである』と言っている」

算盤は、商人の行う「損得勘定」ないしは「バランスシート」、つまり「経営」である。

渋沢が設立にかかわった銀行や会社は五百社近くに及び、「綺羅《きら》星の如く」と表現しても過言ではない著名企業が名を連ねており、まさに文句なしの〝近代企業生みの親・育ての親〟といえる。

「算盤は論語によってできている。論語はまた算盤によって本当の富が活動されるものである。ゆえに論語と算盤は、甚だ遠くして甚だ近いものであると始終論じておるのである」

そうした企業の「経営」は、『論語』と矛盾しないどころか一致させねばならないというのが、渋沢の主義主張だったのだ。渋沢が信奉した『論語』は今日の言葉でいうところの「コンプライアンスを記したバイブル」であると解釈するとわかりやすい。

〝反・論語〟の福沢と〝親・論語〟の渋沢という考え方の相違の根底にあったのは「身分の違い」と考えるのが妥当だろう。福沢の家系は下級藩士だったが、武士は武士。幕藩体制の支配階級を構成する一員に変わりはなかったが、渋沢の家系は農民で「士農工商」として形式的には武士に次ぐ身分とされたが、実態は徳川家康以来の「百姓は生かさぬように殺さぬように」と扱われた被抑圧階級だった。福沢がある年齢になると藩校で学べたのに対し、渋沢は小さな村ということもあり、寺子屋もなく、父や十歳上のこれまた農民の従兄から読み書きを習ったという決定的な差がある。両者は、このことを抜きにして比較することはできないのだ。

〝親・論語〟か、〝反・論語〟か――〝日本近代化の不世出の二人の巨人〟福沢諭吉と渋沢栄一の間には、そのような一筋縄ではいかない確執があったが、深層に分け入っていくと、その確執は単純な対立図式ではなく、共通項も多く存在することもわかってくるのである。

両者に対する国民の人気はどうだったか。参考になる数字が一八八五（明治十八）年に発表されている。夕刊紙「今日新聞」（前年九月創刊）が行った各界を代表する人物の人気投票「日本十傑」で、福沢が千百二十四票を獲得して一位、渋沢は五百九十六票で五位だった。それとは関係ないが、両者の身長の違いにも触れておこう。

福沢は、自叙伝『福翁自伝』に、こう書いている。

「私の身の丈《たけ》は五尺七寸三、四分《ぶ》（約百七十四センチ）、体重は十八貫目《かんめ》（約六十八キロ）足らず。年の頃十八、九の時から六十前後まで増減なし、十八貫を出たこともなければ十七貫（約六十四キロ弱）に下ったこともない。随分調子の宜《よろ》しいその身体が、病後（一八七〇〈明治三〉年の発疹チフス罹患後）は十五貫目（約五十六キロ）にまで減じて二、三年悩んだが、この田舎流の摂生法でチャント旧の通りに復して、その後六十五歳の今日に至り今でも十七貫五百目（約六十六キロ）より少なくはない」

大人の男子の平均身長が百五十九センチ程度だった明治時代にあって、福沢が百七十四センチと大柄だったのに対し、渋沢は百五十七センチと小柄だったという違いもあった。お気づきの読者もおられようが、福沢の文章は、夏目漱石の『吾輩は猫である』や『坊っちゃん』

ほどではないにしろ、どことなく明るくて笑いを誘うようなところがある。そういうことも福沢人気にプラスに働いている。

一方、渋沢については、孫の華子（四男秀雄の娘）が著書『徳川慶喜最後の寵臣 渋沢栄一 そしてその一族の人びと』（国書刊行会）のなかで、こう述べている。

「色白、大きな丸顔、童顔の栄一は、座っていると、どんな大男かと思うが、立ち上がるとずんぐりの小男だ。節太《ふしぶと》の分厚い手は、百姓の手だが、鋤鍬《すきくわ》だけでは満足できない、大地を掌握するような迫力がある」

華子は、一九二一（大正十）年生まれ。渋沢が死ぬのは一九三一（昭和六）年だから、十歳まで渋沢を間近で観察していたのである。渋沢の妻、娘、孫娘たち女性陣は、どこか天真爛漫で、渋沢を評して、「女好き」といったり、「『論語』には性のことは書いてないからね」と皮肉ったりしていた。詳しい話は後述するが、その点、福沢は一夫一婦制に生涯こだわり、浮気したことがない堅物だったせいか、子孫の女性陣からの小言は皆無である。

福沢は明治天皇が爵位（伯爵）を与えようとしたが固辞し、「明治の大平民」と呼ばれたのに対し、渋沢は爵位（男爵→子爵）をありがたく受けている。爵位の序列は「公侯伯子男《こうこうはくしだん》」（公爵・侯爵・伯爵・子爵・男爵）の五段階になっていた。そうした考え方の違いは、戒名からも伺える。六十八歳で長逝した福沢は「大観院独立自尊居士《だいかんいんどくりつじそんこじ》」（九字）、九十二歳で永眠した渋沢は「泰徳院殿仁智義譲青淵大居士《たいとくいんでんじんちぎじょうせいえんだいこじ》」（十三字）である。生前は「倹約」を重んじた渋沢だけに、「戒名が贅沢すぎる」と墓の下で苦笑しているかもしれない。

福沢諭吉と渋沢栄一　目次

序——すべてにおいて対照的だった日本近代化の両雄　4

第一章　青雲の志〈幼少期～青春初期〉　22

生い立ちの違い　22
学問の目覚め　26
最初のターニングポイント　28
〝天下の双福〟と渋沢の関係　31
福沢の最初の恩師白石照山　33
渋沢の飛躍の糧は「屈辱体験」　38
福沢は「屈辱原因の根絶やし」で飛躍　40
ペリー来航！　そのとき二人は　43

青雲の志と愛別離苦　45
「医は仁術」に学ぶ　46

第二章　人生の転機〈青春後期〉　52

青春の野望と彷徨　52
結婚しても「青春」の渋沢　54
結婚後、攘夷思想にかぶれた渋沢　57
人間万事塞翁が馬　60
禍福はあざなえる縄の如し　63
森鴎外と渋沢・福沢を結ぶ「点と線」　67
海外渡航で才能開花　70
吉田松陰との違いは「運」「計画性」の有無　72
写真館の少女とのツーショット　75
福沢、欧州へ渡る　79

渡欧と生麦事件と維新　81
渋沢の人生を変えた「渡欧での学び」　83
中村正直と渋沢栄一の出会い　85

第三章　学びの報酬〈壮年期〉　88

三十三歳で執筆に目覚めた福沢　88
パリ万博と幕府滅亡の報《しら》せ　89
異国の地で自らの使命を悟る　92
蟄居した慶喜に生涯寄り添う決意　95
時代が渋沢を必要としていた　96
二人が初めて言葉を交わした日　99
激動の季節「明治六年の政変」　101
国民の胸に響いた福沢の「独立自尊」　103
〝福沢、危機一髪！〟の「赤穂不義士論」　105

福沢を窮地に陥れた「楠公権助論」 108
渋沢も反発を感じた 111
政府、征韓・征台に走る 112
渋沢、大蔵省を辞める 114
渋沢の「維新の三傑評」 117
渋沢の「独立宣言」と第一歩 119
五百社に関与した〝日本の産業革命の旗手〟 122
「五箇条の御誓文」に影響を与えた『西洋事情』 124
渋沢が唯一同意できない箇所 126
「わかりやすく書け」と教えた緒方洪庵 128
天は人の上に人を造らず 132
『学問のすゝめ』の冒頭 134
学問とは何ぞや 138
福沢と西郷の絆 141
西南戦争と渋沢の悲しみ 144
自由民権運動と福沢 147

〝海戦の王者〟岩崎弥太郎の独占主義　149
福沢の反論「明治辛巳紀事《かのとみきじ》」　153
福沢人脈救済のために早稲田を創立　156
福沢の甥が渋沢を追放　159

第四章　生涯、学び続ける意義〈老年期〉　163

還暦祝いと自叙伝執筆　163
福沢と大隈の出会い　165
福沢が渋沢に送ったエール　168
日清戦争で名コンビ〝文筆の福沢〟〝口述の渋沢〟　170
自叙伝の最後は「生涯の願望三箇条」　172
塾生に宛てた遺書『修身要領』　175
福沢は日本にどういう影響を与えたのか　180
『福澤先生追悼録』　183

渋沢の「独立自尊観」　185
福沢と渋沢の共通点は何か　186
渋沢一族の家訓　189
家康に学んだ人生訓「弘毅《こうき》の士であれ」　192
「帝国劇場」は福沢と渋沢のコラボ　195
人生百歳時代の〝渋沢流〟健康法　199
渋沢栄一、逝く　201

付——ざっくり掴む『学問のすゝめ』『論語と算盤』と、二人の儒教観　206

福沢〝反・論語派〟vs渋沢〝親・論語派〟　206
『学問のすゝめ』は学問だけを説いた本ではない　209
『論語と算盤』は論語だらけの本ではない　212
福・渋の「腐儒《ふじゅ》」批判　215
『学問のすゝめ』と『西国立志編』　216

DTP／エヌケイクルー

●福沢諭吉・渋沢栄一 大づかみ対比年譜

西暦（元号）	福沢諭吉	渋沢栄一	おもな出来事
1835（天保5）	大坂（中津藩蔵屋敷）で生まれる		
1836（天保7）	父百助病死。母子6人中津へ帰郷		
1840（天保11）		武蔵国（埼玉県深谷市）で生まれる	
1846（弘化3）		尾高惇忠の塾で『論語』を習い始める	
1848（嘉永元）	漢学を習い始める		
1853（嘉永6）			ペリー来航
1854（嘉永7）			日米和親条約調印
1854（安政元）	蘭学を志し、長崎へ		
1855（安政2）	緒方洪庵の適塾（大坂）に入門		
1856（安政3）	兄三之助病死。家督を継ぐ		
1857（安政4）	適塾塾長になる（再入学）		
1858（安政5）	藩命で江戸へ。家塾（のちの慶應義塾）を開く（築地鉄砲洲）	従妹千代（尾高惇忠の妹）と結婚	日米修好通商条約調印。安政の大獄始まる
1860（万延元）	軍艦咸臨丸で渡米（1～5月）		桜田門外の変（安政7年）
1861（文久元）	結婚（中津藩士の娘錦）		
1862（文久2）	渡欧（幕府使節の随員／1～12月）		
1863（文久3）		高崎城乗っ取り計画、京都に出奔	禁門の変
1864（元治元）	幕府に外国奉行翻訳方として出仕	一橋慶喜（徳川慶喜）に出仕	
1867（慶應3）	2度目の渡米（軍艦受取委員の随員／1～6月）	慶喜が将軍になり、幕臣となる。パリ万博使節団（徳川昭武の随員）として渡仏	大政奉還。王政復古の大号令
1868（慶應4）	鉄砲洲から新銭座に移り、慶應義塾と命名。幕臣を辞める	帰国し静岡で慶喜と会う（明治元年12月）	戊辰戦争勃発
1869（明治2）		静岡に商法会所。明治政府に出仕	戊辰戦争終結
1871（明治4）	慶應義塾を三田に移す	大蔵省初代紙幣頭に。『立会略則』発刊	廃藩置県。岩倉使節団が横浜港を出発
1872（明治5）	『学問のすゝめ』（初編）出版		

1873(明治6)	『学問のすゝめ』(2~3編)出版	大蔵省を辞任。第一国立銀行開業・総監役に。抄紙会社(のちの王子製紙)創立	明治6年の政変で西郷隆盛・板垣退助らが下野
1874(明治7)	『学問のすゝめ』(4~13編)出版		
1875(明治8)	『学問のすゝめ』(14編)出版	第一国立銀行頭取	
1876(明治9)	『学問のすゝめ』(15~17編)出版	東京会議所会頭	
1877(明治10)			西南戦争
1878(明治11)	東京府議会議員に選出される	東京商法会議所創立・会頭	
1880(明治13)	交詢社創立。東京府議会議員を辞す		
1882(明治15)	時事新報を発刊	千代夫人死去	
1883(明治16)		伊藤かね(兼子)と再婚	
1885(明治18)		日本郵船会社創立	伊藤博文、初代内閣総理大臣に
1886(明治19)		竜門社創立	
1887(明治20)		日本煉瓦製造会社創立。帝国ホテル創立	
1889(明治22)		東京石川島造船所創立	大日本帝国憲法発布
1890(明治23)	慶應義塾大学部設置	貴族院議員に勅選される(翌年辞任)	第1回衆議院議員総選挙
1892(明治25)	北里柴三郎の伝染病研究所設立に尽力		
1894(明治27)			日清戦争勃発
1898(明治31)	脳溢血症発症		
1899(明治32)	『福翁自伝』『女大学評論・新女大学』出版		
1901(明治34)	脳溢血症再発。死去(2月3日)	日本女子大学開校(のちに校長)	
1904(明治37)			日露戦争勃発
1906(明治39)		東京電力会社創立(取締役)	
1914(大正3)			第1次世界大戦勃発
1916(大正5)		実業界を引退。『論語と算盤』出版	
1918(大正8)		『徳川慶喜公伝』出版	
1926(大正15)		日本放送協会創立(顧問)。ノーベル平和賞候補になる(翌年も候補に)	
1931(昭和6)		死去(11月11日)	柳条湖事件(満州事変)

【年齢表記について】

本書では、元号と西暦を漢数字で併記しているが、年齢は「数え年」を使っている。福沢や渋沢の著書などに記されているのは数え年だからである。慶應義塾（Keio University）の「福澤諭吉年譜」は数えで表記し、渋沢栄一記念財団（旧「竜門社」）の「渋沢栄一詳細年譜」は満年齢で表記しているが、福沢や渋沢の著書はどれも数え年で書かれているので、満年齢で書くと引用文献もいじらないと辻褄が合わなくなり、問題が生じる。

現在の満年齢では誕生年は○歳だが、数え年では一歳になる。満年齢では誕生日を迎えると一つ年齢が増えるが、数え年の場合は誕生日には関係なく、正月を迎えると誰でも一つ年齢が増えた。

福沢の年齢についても触れておかねばならない。慶應義塾の年譜や岩波文庫『福翁自伝』の巻末の「福沢論吉年譜」（いずれも算用数字による表記を採用）には、誕生日の「年号」が「天保5年」で「西暦」では「1834（1835）」としてある。どういうことかというと、福沢が生まれた天保五年十二月十二日は西暦では一八三五年の一月十日に当たり、同じ天保五年でも西暦では一八三四年と一八三五年があるからだ。数え年でいうと、福沢の一歳はわずか十九日間しかなく、生後二十日で新年を迎えて二歳になったわけで、何ともややこしい。さらに同年譜では、誕生の次の項目が「天保7年、1836年、年齢3」となっており、「一八三六年は天保七年ではなく、六年ではないのか」と煙にまかれる人もいるかもしれない。元号と西暦では、そういうずれがあることも頭の片隅においてお読みいただきたい。本書では、福沢と渋沢を「六歳差」として扱う。

【文章表現について】

文章表現は以下のように変化してきたが、本書では全編を新仮名遣いで統一する手法は取らず、その個所に最適と考えた各種の表現法を用いていることをお断りしておく。

①**文体**　古文→擬古文（雅文）→現代文　（例）ありき→あった
②**仮名遣い**　旧仮名遣い（歴史的仮名遣い）→新仮名遣い　（例）言ふ→言う
③**字体**　旧字体→新字体　（例）體→体
④**送り仮名**　昔は各人各様　（例）うつくしい→美しい、美くしい、美い、美
④**現代語訳**　逐語訳、意訳、超訳　（例）忝《かたじけな》い→ありがたい、すみません。多謝

【年号・元号の見方について】

本書では、月日は原則として旧暦表示である。「ペリーが浦賀に来航した年月日」を表示する場合、「一八五三（嘉永六）年六月三日」としているが、月日は旧暦で西暦ではない。現代人の感覚で他の事件・出来事と比較しやすいように年号（西暦）を最初にしているためで、ペリー来航は西暦では「七月八日」になることをお含みおきいただきたい。

第一章　青雲の志〈幼少期〜青春初期〉

生い立ちの違い

福沢諭吉も渋沢栄一も同じ天保年間（一八三〇〜一八四四年）の生まれだが、福沢は天保五（一八三五）年、渋沢は天保十一（一八四〇）年で、福沢が六歳上になる。天保年間には大飢饉（天保四〜十年）があり、農民一揆の大塩平八郎《おおしおへいはちろう》の乱が勃発した時期である。

「名は体を表す」というが、この諺は諭吉や栄一にも当てはまる。福沢諭吉の「諭」は、父親が大切にしていた蔵書の書名にちなみ、渋沢栄一の「栄」は母親の「お栄」の栄だ。

まず福沢だが、天保五年十二月十二日（一八三五年一月十日）の夜、父の勤務地だった大坂で生まれた。福沢の生誕の地は中津ではなく、父の勤務地大坂の「蔵屋敷《くらやしき》」だった。

蔵屋敷とは、各藩が領内の年貢米や特産品を売りさばくために大坂などに設置した倉庫兼取引所のことで、福沢は中津《なかつ》藩（大分県）が大坂に設置したその屋敷の長屋で生まれたのである。父は百助《ひゃくすけ》といい、中津藩の「下士《かし》」と呼ばれた下級武士で、母はお順。格上の

「上士《じょうし》」の娘だった。兄弟は兄が一人、姉が三人の五人兄弟の末っ子だ。

「諭吉」という一風変わった名前は父がつけた。前述した蔵書に因《ちな》む命名についての詳しい由来が、福沢の自叙伝『福翁自伝《ふくおうじでん》』に記されている。福沢の記憶違いと思える箇所を修正すると次のような経緯があった。

「私が誕生したその日に、父が多年所望していた上諭《じょうゆ》条例という全部で六十四巻の清朝《しんちょう》時代の稀覯本《きこうぼん》を買い取って、大層喜んでいるところに、その夜男子が出生して重ねがさねの喜びというところから、その上諭の諭の字を取って私の名にしたと母から聞いたことがある」

百助は中津藩屈指の読書家として知られ、千五百冊もの書物を蔵していた。貧乏学者だったが、藩内外での声望は高く、百助の親友で母の再従兄弟《またいとこ》でもあった中津藩士の儒者高谷《たかたに》龍洲《りゅうしゅう》は、あるとき福沢に「福沢百助先生が豊前中津藩の文壇を専《もっぱ》らにして敢《あえ》て争う者なかりしは拙者の親しく見る所。此《こ》の父にして此の子あり」と語っている。高谷は京都にあった朝廷の教育機関「学習院」（一八四七〈弘化四〉〜一八六八〈明治元〉年）の教授を務め、維新後は芝愛宕《あたご》町に在住して私塾「済美黌《せいびこう》」を主宰した碩学《せきがく》で、中江兆民は弟子である。

そういう人物が高く評価した百助だったが、福沢が三歳のときに病没したので、福沢は父の顔を覚えてはいない。だが、福沢は「書き遺したものを見れば真実正銘の漢儒で、伊藤東涯《とうがい》を尊敬していたことがわかる」といっている。

伊藤東涯は、「東の荻生徂徠《おぎゅうそらい》、西の伊藤仁斎《じんさい》」といわれた無類の博学者伊藤仁斎の長男で、人の悪口をいったことがない温厚な性格だった。そういう人物を尊敬していた点からも、百助という人の考え方や思想傾向を推測できるが、わが子の教育にはうるさく、福沢の兄や姉が蔵屋敷のなかの師匠について手習いを始めたときも、大坂が商人の町であることを反映して九九《くく》を教えていると知ると、「幼少の子どもに勘定のことを教えるなどもってのほか」と怒り、やめさせるようなところもあった。

一方、渋沢栄一の名前の由来だが、栄一の「一」から長男だろうと見当がつくが、父市郎右衛門ではなく、母お栄の名をつけたのは、市郎右衛門は婿《むこ》養子という事情がある。

渋沢家は、横溝正史《よこみぞせいし》の小説にでも出てきそうな血洗島村《ちあらいじまむら》というところに住む裕福な農家だった。旧地名でいうと、武蔵国榛沢《むさしのくにはんざわ》郡血洗島村。現在の埼玉県深谷市である。

村は戸数五、六十戸程度だったが、渋沢姓が十七軒もあったので、「西の家《にしんち》」「東の家《ひがしんち》」などと家のある場所で呼び、渋沢の家は「中の家《なかんち》」だった。そのあたりの土地は地味が悪く、水田耕作には不向きで、麦や藍《あい》を作ったり養蚕《ようさん》を行うなどしていた。特に藍は、自作するだけでなく、他家で作った葉を買い入れて、発酵させたものを臼《うす》でつき固めて「藍玉《あいだま》」に加工し、信州、上州、秩父方面の紺屋《こうや》（染物屋）に手広く販売し、次第に財を成した。

渋沢の父市郎右衛門の性格は、『雨夜譚《あまよがたり》』によると、「方正《ほうせい》厳直で四角四面に物事をする風」だったが、「人にはやさしく親切。平素から質素倹約に徹し、脇目もふらずに家業に励む堅固な人」で学問も嫌いではなく、「平生多く書物を読んだ人ではなかったが、四書《ししょ》や五経《ごきょう》ぐらいの事は、充分に読めて、傍ら詩を作り俳諧《はいかい》をするという風流気もあった」という。

四書とは『大学』『中庸』『論語』『孟子』、五経とは『易経』『書経』『詩経』『礼記《らいき》』『春秋《しゅんじゅう》』で、合わせて「四書五経」と呼び、儒教の基本書である。武士の子弟は藩校や私塾などでそれらを学び、庶民は寺子屋で学んだ。

私塾では、吉田松陰の「松下村塾《しょうかそんじゅく》」（萩）、シーボルトの「鳴滝塾《なるたき》」（長崎）、福沢が学んだ緒方洪庵《おがたこうあん》の「適塾《てき》」（大坂）などが有名だが、武士以外の子弟を受け容《い》れるところもあり、向学心に燃える若者たちに門戸が開かれていた。渋沢栄一が短期間ではあったが二度にわたって通った私塾「傳經廬《でんけいろ》」（江戸）も、その一つだった。私塾は個人の家で開かれたので、「家《か》塾」ということもある。

明治維新を成し遂げた薩長両藩を中心とする新政府は、「欧米に追いつけ、追い越せ」を旗印にして富国強兵・殖産興業に励む。なかでも、国づくりの基本となる教育制度の急速な充実には目をみはるものがあった。

一八七二（明治五）年に学制を発布、フランスの学校制度を導入した。すると、二年後には小学校の就学率は男子四十六％、女子十七％となり、一九〇六（明治三十九）年には児童就学率九十六％という驚異的就学率を達成し、世界最高となった。そうした教育力が日本の急速な近代化を推し進めたのだが、それには江戸時代の教育機関である藩校、私塾、寺子屋が充実していたことが大きい（文部省の『日本教育資料』〈明治二十五年発行〉によると、明治政府が明治十六年に行った調査で、江戸時代に全国にあった寺子屋の数は、男子のみが五千百八十、女子も通えたところが八千六百三十六もあったことがわかっている）。

学問の目覚め

福沢諭吉という人は『学問のすゝめ』を書くくらいだから、子どもの頃から勉強好きだったに違いないと思われがちだが、十四、五歳までは勉強嫌いだったというから愉快ではないか。父親が存命ならそうはいかなかったろうが、勉強を始めた動機も「近所の子らは誰も彼も本を読んでいるのに自分だけが読まないというのは外聞が悪く、恥ずかしいと思ったから」というから親しみがわく。

江戸時代は、学問といえば「漢学」だった。福沢の父親代わりの兄三之助は、福沢の言葉を借りると「純粋の漢学者」で「死ぬまで孝悌忠信《こうていちゅうしん》」と言い放つような武士だったが、渋沢栄一が「論語と算盤」を重んじたのに対し、「鉄砲と算盤」という考え方をし、数学を学んでいた。

福沢によれば、「鉄砲と算盤は士流の重んずべきものである、その算盤を小役人に任せ、鉄砲を足軽に任せておくのは大間違い」とする漢学者帆足万里《ほあしばんり》の説が中津藩で当時流行し、武士のなかにも数学に関心を寄せ、算盤に励む者がいたのだという。帆足万里は、儒学による人格形成と算数・医学・経済などの「実学を習得せよ」と説き、医学では「漢蘭折衷《かんらん》」を啓蒙した先進の人として今日も高く評価されている。

福沢がのちに兄の勧めで蘭学を学びに長崎へ遊学したり、続いて大坂に来て蘭方医《らんぽうい》緒方洪庵の「適塾」で学んだりした背景には、こういう事柄も関係している。

適塾は大塩平八郎の乱があった翌年の一八三八（天保九）年に設立され、蘭語（オランダ語）の講義だけでなく、人体解剖なども行われたが、福沢は血を見ると気持ちが悪くなる体質だったことから医者の道には進まなかったのだ。

「私は少年の時から至極元気の宜《い》い男で、時として大言壮語したことも多いが、天稟《ウマレツキ》気の弱い性質で、殺生が嫌い、人の血を見ることが大嫌い。例えば緒方の塾に居るときは刺胳《しらく》（体のツボを鍼灸《しんきゅう》で刺激する治療法）流行の時代で、同窓生は勿論《もちろん》、私も腕の脈に針を刺して血を取ったことがある。ところが私は、自分でも他人でもその血の出るのを見て心持が善くないから、刺胳といえばチャント眼を閉じて見ないようにしている。腫物《しゅもつ》が出来ても針をすることはまず見合わせたいと言い、一寸した怪我でも血が出ると顔色《がんしょく》が青くなる。毎度都会の地にある行き倒れ、首くくり、変死人などは何としても見ることができない。見物どころか、死人の話を聞いても逃げてまわるというような臆病者である」

日本を代表する大偉人にもこんな弱点があったとは、何とも微笑ましい限りだ。

最初のターニングポイント

昔の男子の成人式は「元服《げんぷく》」だった。子どもから大人への過渡期となる十代半ばに行われ、周囲から「一人前の大人」としての自覚を促され、自分でも意識するので、人生最初のターニングポイントになることが多かった。福沢と渋沢もご多分に漏れず、その後の人生につながる大きな転換点になっている。

福沢は、いくつか塾を替わり、白石照山《しょうざん》（通称常人《つねんど》）の私塾「晩香堂《ばんこう》」に落ち着いたのが十代半ばである。明治四十（一九〇七）年刊の『大分県偉人伝』によれば、照山は「剛毅《ごうき》にして大節《たいせつ》（人として守るべき節操と道義）あり」と評価された人物である。

対する渋沢も、父親から「十四、五になったなら、いつまでも子どものつもりでいては困る。これまでのような読書、撃剣《げきけん》、習字などの稽古事に明け暮れる生活はやめて、農業や商売に心を入れなければ、一家の役には立たぬ。書物を読んだからといって、儒者になるわけではあるまい」と釘を刺された。意識を変えさせるためだったのか、父親は十四歳の渋沢を初めて江戸見物へ連れていき、翌年には叔父が江戸へ連れていった。

渋沢が父の手ほどきで書物を読み始めたのは六歳で、四書五経の『大学』から始めて『中庸』を読み、『論語』の二(「学而《がくじ》　第一」に続く「為政《いせい》　第二」)あたりまで父から習ったところで、教師役が渋沢より十歳上の従兄尾高新五郎《おだかしんごろう》(のち惇忠《あつただ》)へとバトンタッチされた。新五郎は水戸学や「知行合一《ちこうごういつ》」を信条とする陽明学に心酔しており、「田舎では立派な先生といわれるほどの人物」とされ、渋沢は知らず知らずのうちに影響を受け、十九歳になると新五郎の妹の千代と結婚することになるのだから、特別な存在だった。

尾高の教授方針は一風変わっていた。文章や熟語を暗唱させようとはせず、できるだけ多くの本を通読させるだけ。そうやっているうちに自然と言葉を覚え、意味を考えるようになるという一種の放任主義である。尾高自身が誰か名のある人物に師事したとか、どこかの私塾に通っていたという話は伝わっておらず、独学で身につけた〝独自の学習法〟を渋沢に教えたと思われる。

その点、新五郎と真逆の「精読主義」を標榜したのが『西国立志編』の翻訳で知られる教育家・思想家の中村正直《まさなお》(敬宇《けいう》)である。福沢の『学問のすゝめ』と並ぶ〝明治の二大ベストセラー〟となった同書で有名になった中村は、「読書百遍、意おのずから通ず」式の読書法を説いている。

「読書力を養成したかったら、初めから多読してはいけない。まず一、二冊を精読し、一字でも意味が通じないことがないようにすることだ。そうすれば、他の書は破竹の勢いで読めるだろう。英国で私が学んだときは、『小英国史』を精読したに過ぎない。私の英書の読解力をつけてくれたのは、この一冊の精読である」

『小英国史』については、チャンブル&バルドウィンの「English History」（一八六〇〈万延元〉年刊）が原典とされ、一八七〇（明治三）年には『英国史略』（河津孫四郎抄訳）と改題され、沼津兵学校の教科書に使用されたらしいが、詳細は不明だ。

中村は、自宅の風呂場に棚を設けて本が濡れないようにして入浴中も読書していたという逸話があるくらいなので、特別かもしれないが、いずれにせよ、尾高流読書法を伝授された渋沢は、のちに『論語講義』という千ページにも達する本を口述するようになるのだから、その教育法は渋沢に合っていたのだろう。

そういうやり方で渋沢が通読した漢書は、四書五経をはじめ、『文選《もんぜん》』『左伝《さでん》』（『春秋左氏伝』の略称）『史記』『漢書』『十八史略』『元朝《げんちょう》史略』といった中国の歴史書、『国史略』『日本外史』などの日本史である。十一、二歳頃には小説の『通俗三国志』『里見八犬伝』『俊寛島《しゅんかんしま》物語』などに夢中になり、歩きながら読んでいて溝《どぶ》にはまり、正月用の新しい服を泥だらけにして両親に叱られたというから笑える。

中村正直の名が出たので、序で触れた明治十八年の「日本十傑」の人気投票の順位を再度もちだすと、中村正直は、五位の渋沢にわずか四票及ばず、六位だった。そのほかの上位の名前も列記しておこう。福沢に次ぐ二位は十五票差で福地源一郎《ふくちげんいちろう》（新聞記者）、で、世間では二人のことを〝天下の双福〟と呼んだ。双福に続く三位は伊藤博文（政治家）、四位鳩山和夫（法律家）となっている。

〝天下の双福〟と渋沢の関係

福沢と福地源一郎（桜痴《おうち》）は、一八六二（文久二）年に渡欧したときに同じ船に乗り、親しくなった。両者は生真面目か遊び人かという大きな違いはあるが、履歴はよく似ている。

福地は長崎生まれという地元の利を生かして蘭学を学んだが、一八五八（安政五）年には江戸へ出て英語を学び、通弁《つうべん》（通訳）として幕府に仕えた。戊辰《ぼしん》戦争が始まると、福沢は砲声が鳴り響いているのに何食わぬ顔で講義し、福地は新聞（江湖新聞）を発刊、民衆に歓迎されたものの、過激さが災いして廃刊に追い込まれたのは愛嬌か。

福地は渋沢とも親しかった。年は渋沢が一つ上で、知り合ったのは吉原というから驚く。渋沢は福地を伊藤博文に紹介した。すると気に入られて、一八七〇（明治三）年に大蔵省入りし、十一月に伊藤が貨幣制度調査のために渡米すると随行、翌年十月の岩倉使節団にも随行員に選ばれた。人を寸評する才に長けた渋沢は、「福地は通人、余は野暮。彼は洋学通、余は無識。彼は才人、余は才人ならずで、必ずしも共通点があるわけではないが、互いに意気相許《あいゆる》すものがあったと見えて、親しく交わっていたのである」といっている。

その後の福地だが、元をたどれば長崎の医者の家に生まれ、少年の頃から秀才の誉れ高かったが、官僚には向いておらず、一八七四（明治七）年に大蔵省を辞めて「東京日日新聞」に主筆として入り、やがて社長になる。したたかな男で、自由民権論に対抗する漸進《ぜんしん》主義を標榜し、〝御用記者〟と呼ばれても、どこ吹く風。経営不振になった同社を一八八八（明治二十一）年に辞めると小説家、劇作家として活躍し、翌年、初代の歌舞伎座を創立。かと思えば、衆議院議員や東京府議会議長になったりした。

一方、渋沢は、「福地と親しかった関係上、福沢と対立した時期もあった」という。つまり、こういうことだ。

「時事新報（福沢が創刊した新聞。一九五五〈昭和三十〉年に産経新聞に吸収合併）に拠《よ》る福沢先生と、東京日日に拠る福地氏とは互いに政敵となって覇を中原《ちゅうげん》に争うこととなった。この両雄はやがて相共《あいとも》に市会《しかい》（東京府会議員）に出て、なお争覇《そうは》を続けておった。余は先に述べたる如き事情もあるので、勿論直接には争いの渦中に投じなかったものの、陰に福地を助けて福沢先生に反対したものである。しかしながら、これらはほんの一時的の事で、その後福沢先生も政治界には念を断たれたし、余は尚更《なおさら》のこと、少しも関係しなかったのであるから、自然に右様《みぎよう》の懸《か》け隔《へだ》ては消滅した次第である。則ち、その後は、先生と余と何かにつけて相会《あいかい》する折には、打ち解けて談論も致した」

福沢と渋沢の読書法の違いに関連して、中村正直、福地源一郎にまで話が膨らんだが、この四者は互いに面識があり、しかも明治という時代を動かしたという共通項がある。

福沢の最初の恩師白石照山

福沢の最初の師となった白石照山とは、どのような人物だったのだろう。

一言でいうと、「俊英」と称された逸材である。なにしろ二十代半ばに藩校「進脩館《しんしゅうかん》」の督学《とくがく》（校長）に任ぜられたほどだ。にもかかわらず、謙虚で「自分はまだまだ未熟。今勉強しないと人生を誤ってしまう」（我《わ》れ浅学薄識《せんがくはくしき》にして此《こ》の栄職に就《つ》けり。今にして大《おお》いに学に勉《つと》めずんば竟《つい》に我《わ》が終生を誤らん）と職を辞して江戸へ向かい、幕府の最高教育機関「昌平黌《しょうへいこう》」（昌平坂学問所）で六年も学んだ。まるで〝向上心の塊〟だ。そうした学問への取り組み姿勢は、福沢に学問の奥深さを教え、思想形成に大きな影響を及ぼした。両者の深い心のつながりは、福沢が晩年まで照山と交流を続けたことからも推測できる。

福沢が照山の漢学塾に入門したとき、同年代のほかの連中の勉強はかなり進んでいた。漢学はいわゆる「四書五経」が基本書で、他の者は四書を『大学』『中庸』『論語』『孟子』の順にすでに履修し終え、五経の『易経』も終わって『詩経』『書経』のあたりを学んでおり、あとは『礼記《らいき》』と『春秋』を残すのみという段階まで進んでいたが、福沢だけは『孟子』の素読をしているという状態だった。それでも、すぐに追いつき、追い越した。

福沢の少年時代の履歴は、当人の記憶も曖昧なところがあるようで、『福翁自伝』にも「十四、五歳」などとしてあり、心もとない。たとえば、福沢が在塾した期間は、一八四八（嘉永元）年前後から一八五三（嘉永六）年頃までの五年ほどだ。年齢でいうと、十四、五歳から十九歳くらいまでである。なぜ十九歳までだったかというと、先生がいなくなったからだ。照山が藩の方針に盾ついて追放されたのである。

その間の経緯を、福沢は後日、『旧藩情《きゅうはんじょう》』に次のように記す。

「今を去ること三十余年、固《かた》め番《ばん》とて非役《ひやく》の徒士《かち》に城門の番を命じたることあり。この門番は旧来足軽の職分たりしを、要路の者の考《かんがえ》に、足軽は煩務《はんむ》にして徒士は無事なるゆえ、これを代用すべしといい、この考と、また一方には上士と下士との分界をなお明《あきらか》にして下士の首を押《おさ》えんとの考を交え、その実はこれがため費用を省くにもあらず、武備を盛《さかん》にするにもあらず、ただ一事無益の好事《こうず》を企てたるのみ。この一条については下士の議論沸騰したれども、その首魁《しゅかい》たる者二、三名の家禄《かろく》を没入《ぼつにゅう》し、これを藩地外に放逐して鎮静を致したり」

手短にわかりやすくいうと、「首魁（首謀者）」と福沢が書いたのが照山で、それまで足軽がやっていた門番を「足軽《あしがる》は多忙だから下士がやれ」と藩の上層部が命じたことが許せず、下士の先頭に立って立ち向かった硬骨漢。それが照山だったのだ。

福沢も照山と同じ下士の出なので、恩師が引き起こした事件が他人事とは思えず、折に触れて母や兄から聞かされた「父の無念」の気持ちとも重なり、「門閥《もんばつ》は親の仇」とまで思うようになる。

門閥とは「家の格式」のことで、福沢が書いた前記の『旧藩情』には「下等士族の輩が上士に対して不平を抱く由縁《ゆえん》は、専《もっぱ》ら門閥虚威《きょい》の一事《いちじ》にあり」との一文が見える。「旧藩情」とは「旧藩の事情」という意味だ。同書は、「廃藩置県」で藩が消滅して六年後の明治十（一八七七）年の著作なので、「旧藩」なのである。

同書によると、幕末の中津藩には約千五百人の武士がおり、上士が三分の一、下士が三分の二という割合だったが、両階級の間には厳然たる差別が横たわっており、「下士に何らかの功績があっても、また何らかの才能があっても、決して上士に昇進するということはなく、下士が上士の家に行けば、次の間から挨拶してから上士のいる部屋へ入り、逆に上士が下士の家に行けば、座敷まで刀を持ち込んでもよいと認められていたり、言葉づかいでは、長幼の別に関係なく、上士が下士に『貴様』といえば、下士は『あなた』で返さねばならず、上士が『来《き》やれ』といえば、下士は『御《お》いでなさい』といわなければならなかった」と福沢は記している。

その後の照山についてだが、捨てる神あれば拾う神あり。旧知の月桂寺の和尚を頼って転居した豊後国《ぶんごのくに》の臼杵《うすき》藩（大分県臼杵市）に拾われた。現在の大分県は、江戸時代は豊前国《ぶぜんのくに》と豊後国に分かれていて小藩分立状態だった。豊前国には中津藩（十万石）一藩だけがあったが、豊後国は八藩七領がひしめき合い、そのうちの一つが臼杵藩（五万石）である。照山は、同藩の若い藩主（第十四代）稲葉観通《あきみち》に気に入られ、儒者として藩校「学古館《がっこかん》」の教官に任用され、さらには上士の待遇を受け、藩政顧問にも任ぜられた。しかし、八年後の一八六二（文久二）年に稲葉観通や和尚が死ぬと、それまで照山の活躍を面白く思っていなかった上士たちによって藩から追放された。〝悲運の人〟と思える照山だが、このあとふたたび中津藩の和漢学教授として復帰するのだから、実力があったのである。

中津に帰郷していた闘病中の福沢の兄三之助が死去するのは、照山が臼杵に移って二年後の安政三（一八五六）年のことだ。これからというときに死んだから、母子家庭だった頃からの借金がいっぱい残った。

跡を継いだ福沢は、その借金を返済するために売れるものは何でも売り、家蔵書も処分しようとしたが、買い手が現れなかった。そのとき、臼杵藩に買い取らせる労を取ったのは照山だった。福沢は、その代金で借金をすべて返済し、心おきなく大坂の「適塾」へと向かった。かくて照山は、物心両面の恩師となったのだ。

福沢が照山から学んだ最大のものは「感化力」だった。「生徒は先生からどんなにうるさくいわれても、心の琴線に響けば聞き入れ、やる気になる」という学びが、のちの慶應義塾での教育に活かされたのはいうまでもない。

福沢は、照山に学んだ時代のことを、のちに『福翁自伝』で、こう懐旧している。

「少年の時から六《むつ》かしい経史《けいし》（経書〈儒教の経典〉と史書）をやかましい先生に授けられて本当に勉強しました。左國史漢《さこくしかん》（古代中国の秦・漢の歴史書である『左伝』『国語』『史記』『漢書』の略称）は勿論、詩経、書経のような経義でも、又は老子荘子《そうし》のような妙な面白いものでも先生の講義を聞き、又自分に研究しました。是《こ》れは豊前中津の大儒《たいじゅ》白石先生の賜物である」

そしてこう胸を張るのだ。

「殊《こと》に私は『左伝』が得意で、大概の書生は『左伝』十五巻の内三、四巻でやめてしまうのを、私は全部通読、およそ十一度《た》び読み返して、面白いところは暗記していた。それで一ト通り漢学者の前座ぐらいになっていた」

福沢は、自身の漢学レベルを〝漢学者の前座〟程度と『福翁自伝』で謙遜しているが、とんでもない。漢学に精通し、のちに筆法鋭く〝反・論語〟の論陣を張れるだけの実力を備えていたのだ。このことは、〝親・論語〟の渋沢栄一との異同を考えるうえで、きわめて重要である。『論語』をよく知っていて痛罵《つうば》するのと知らないで痛罵するのとでは、本質的に意味が違うのだ。このことは、『論語』に限ったことではない。

渋沢の飛躍の糧は「屈辱体験」

「屈辱体験」は誰にも一度ならず覚えがあるはずだが、それをプラスに変えられるか否かは当人の覚悟と努力次第だ。渋沢栄一や福沢諭吉のような不世出の偉人は、屈辱感を糧《かて》にして大飛躍を遂げている。その様は、竹が雪をかぶって大きくしなり、しなるだけしなってから、大きく跳ね返って雪を振り落とす姿と重なるものがある。その屈辱感を一時的なもので終わらせてしまっては意味がない。『論語』の冒頭に出てくる「子曰く、学びて時に之《これ》を習う」は、「学びっぱなしではダメだ。時々復習せよ」という意味である。「怠惰から好結果が生まれることはない」と渋沢もいっているように、屈辱感という肥やしを使って木に花を咲かせ、実を結ばせる努力が大事なのだ。

渋沢が生涯忘れることのなかった屈辱事件に遭遇したのは、十七歳のときだった。村は安部摂津守《せっつのかみ》という領主が支配していたが、姫の嫁入りだの若殿の将軍初謁見だのといっては村の有力者三家に軍用金を課し、代官に取り立てさせてきた結果、渋沢家が供出した総額は二千両にも達していた。今日の貨幣価値でいうと二億円見当か。何年間でその金額に達したのかはわからないが、べらぼうな数字であることに変わりはない。

その年も軍用金のことで呼び出しがかかった。その日はあいにく父親に別の用事があり、代わりに栄一が代官所へ出向くことになったのだが、そこから先はまるで映画かドラマのような展開になる。

代官が御用金を命じると他の二家は主人がその場で承知したが、渋沢少年は父から全権委任されたわけではないから、ごく当然のように「自分は用件を伺いに来ただけで、この場では即答できかねます」と答えた。すると代官は立腹し、さんざん愚弄したり侮蔑する汚い言葉を吐いたりして純真な渋沢少年に屈辱感を与えたのだ。そのとき怒濤《どとう》のように込み上げた激情は、権力への「怨嗟《えんさ》」「怨念」に近かったはずだが、それだけで終わっていたらその後の渋沢栄一はなかった。

代官所からの帰路、渋沢は憤懣《ふんまん》やるかたなく、「百姓はもうやめたい」と思い続けた。

「領主は年貢を取りながら、返済しない金を御用金などといった名目で取り立てる。ものの言い方といい動作といい、あの代官は虫けら同然で知識も分別もない。徳川幕府の政治がよくないから、こんな風になった。もはや極度の弊政《へいせい》（悪政）に陥っている。この先、今のような百姓をしていると、あんな連中に軽蔑され続けることになる」

帰宅後、父に一部始終を報告すると、「泣く子と地頭には勝てぬ」と諭されたが納得できなかったと、渋沢は自叙伝『雨夜譚』に書き綴っているが、『論語と算盤』ではもっと過激な表現になっている。

「同じく人間と生まれたからには、何が何でも武士にならなくては駄目であると考えた。百姓町人として終わるのが如何にも情けなく感ぜられ、いよいよ武士になろうという念を一層強めた。しかしてその目的も、武士になってみたいというくらいの単純なものではなかった。今日の言葉を借りていえば、政治家として国政に参与してみたいという大望を抱いたのであった」

だが、誰にも思春期にありがちなこの種の大望は、実力を伴わなかったために、後述するように攘夷思想にかぶれて空回りするも、その失敗から学んで飛躍するのだ。

福沢は「屈辱原因の根絶やし」で飛躍

福沢諭吉ですら、大屈辱感を味わっている。それも二度だ。一度目は幼少期から少年期にかけてで、二度目は青年期の長崎遊学時である。

前述したように、福沢家は武士は武士でも「下士」と呼ばれる下級武士だったために、身分が上の「上士」から幾度も屈辱的な目に遭わされた。その辛酸をいやというほど舐めつくした福沢の父は、生前、母にこう話したことがあると『福翁自伝』にある。

「家老の家に生まれた者は家老になり、足軽の家に生まれた者は足軽になり、何年たってもちっとも変化というものがない。この子が十か十一になったら、寺に預けて坊主にする。唯一、門閥《もんばつ》制度の適用を受けないのが坊主だ。魚屋のせがれでも大僧正になった例はいくらでもある」

福沢自身も、物心ついて以来、その種の理不尽と思える差別を幾度となく体感し、「中津藩の小士で他人に侮蔑軽蔑されたその不平不愉快は骨に徹して忘れられない」という。

「父の生涯、四十五年のその間、封建制度に束縛されて何事も出来ず、空しく不平を呑んで世を去りたるこそ遺憾なれ。わが子の行く末を思って、坊主にして名を成さしめようとまで決心した父の心中の苦しさ、愛情の深さを折に触れて思い出し、封建の門閥制度を憤《いきどお》るとともに、亡父の心事を察して独り泣くことがある。門閥制度は親の敵《かたき》で御座る」

こうした思いこそが、福沢を学問の道へと一途に向かわせる〝不撓不屈《ふとうふくつ》の闘志〟を生むのである。そのすさまじさは、適塾時代の福沢の勉強っぷりからも窺い知ることができる。

「日が暮れたからといって寝ようとも思わず、頻《しき》りに書を読んでいる。読書に草臥《くたび》れ眠くなって来れば、机の上に突っ臥《ぶ》して眠るか、あるいは床の間の床側を枕にして眠るか、ついぞ本当に布団を敷いて夜具を掛けて枕をして寝るなどということは、ただの一度もしたことがない」

まさに一心不乱。見ようによっては〝狂気〟とも映りかねないくらい福沢が学問に打ち込んだのは、若さがあり体力があったからだ。福沢が適塾で学んだのは二十代半ばである。

福沢、渋沢に共通するのは、封建制度が強いる理不尽な身分差別への強い反発で、「武士であろうが農民であろうが、実力のある者が力を発揮できる自由な社会こそが理想国家なのだ」と考え、自身や家が受けた屈辱感を理想実現の起爆剤として前進し続けたのだ。封建制度に矛盾を感じた者はほかにもいっぱいいたはずだが、時代の大波に飲み込まれた。

福沢や渋沢が屈辱体験から学んだのは「不動の覚悟」だった。屈辱原因を根絶やしにするには、ただ頭で考えるだけでなく実践する必要がある。まさに陽明学の「知行合一」の哲学である。「覚悟」は「立志」と表裏一体の関係にある。渋沢は「立志は、人生という建築の骨子で、大と小がある。大なる立志と小なる立志が矛盾しないようにせよ」と説く。「大志は根幹、小志は枝葉である。志を立てても、とかく目の前の動きや状況の変化に惑わされ、迷いやすいので、当初の立志は自分の長所・短所をよく考えて慎重を期さねばならない。それでも初志と違う方向へいきがちになるが、それでは真に志を立てたとはいえない。大なる立志を動かすことのないような準備が必要だ。これならどの方向から見ても一生貫けるという、確かな見込みが立ったところで初めて方針を決定するとよい」

ペリー来航！　そのとき二人は

鎖国に慣れっこになっていた日本に何の予告もなくいきなりやってきたのが、一八五三（嘉永六）年六月三日のペリー率いる「黒船来襲」である。鎖国が完成したのは一六三九（寛永十六）年だから、その間、日本は実に二百十年余も国際情勢に背を向けて惰眠をむさぼっていたわけで、上を下への大騒ぎになるのは当然だった。

当時の様子は、歴史の教科書などでお馴染みの次の狂歌からも容易に推察できる。

泰平の眠りを覚ます上喜撰《じょうきせん》たった四杯で夜も寝られず

「上喜撰」という高級宇治茶の銘柄と蒸気船の黒船をかけ、船は一杯二杯と数えるので、四隻の黒船を飲みすぎると眠れなくなる濃いお茶四杯にさらにかけているのだ。

江戸の武士や民衆らは好奇心にかられ、江戸湾の入り口である浦賀にやってきた黒船を一目見ようと見物にくりだした。坂本龍馬、勝海舟、吉田松陰、佐久間象山《しょうざん》らも出かけており、前記の狂歌なども耳にしたのではなかろうか。

福沢諭吉は、そのとき二十歳。「門閥制度は親の敵」という意識は激しく強いものがあったが、敵を討つだけの力量はまだ備わってはおらず、兄三之助の勧めもあって、蘭学習得を志して長崎へ遊学するのは、黒船来襲の翌一八五四（安政元）年二月のことである。

一方、福沢より六年遅く生まれた渋沢の場合は、前述したように父に連れられて初めて江戸見物に出たのが黒船来襲の年で、参勤交代の大名行列やら歌舞伎やらを見物した。そのときは十四歳の少年にすぎなかったが、居住する血洗島村でも瓦版の号外が出たほどで、「耳元をガンと打たれたような気がした」と、のちに語っている。しかも渋沢は、その翌年にも叔父に連れられて二度目の江戸見物をするが、そのとき道に迷って、江戸城の本丸に近い桔梗門《ききょうもん》のなかへ足を踏み入れ、門番に捕まって物置にぶち込まれ、金をつかませてやっと解放されるという事件を起こしていた。桔梗門は、その五年後の一八六〇（安政七）年に水戸浪士らが大老井伊直弼《いいなおすけ》を暗殺する「桜田門外の変」の、あの桜田門が「外桜田門」と呼ばれるのに対し、桔梗門は江戸城を築いた太田道灌《おおたどうかん》の家紋にちなんだ名称で、「内桜田門」と呼ばれる要衝門なのだから、捕まって当然だったのだ。

青雲の志と愛別離苦

福沢の屈辱体験第二弾は、二十一歳から始まった長崎遊学時代にやってきた。中津藩の家老奥平与兵衛《おくだいらよへえ》とその息子壱岐《いき》からひどい目に遭わされたのだ。パワハラである。

福沢の遊学は兄の勧めと資金援助で実現した。兄は礼儀とか身分にとても厳しかった。福沢が畳の上に広げてあった書き付けの藩主の名前が書いてあるところを踏んで通っただけで、烈火のごとく怒ったほどだった。

遊学は蘭学本（オランダ語で書かれた本）を原語で読めるようになりたいと志してのことだったが、長崎には親戚も親しい者もいなかったから光永寺《こうえいじ》の坊主になっていた奥平壱岐を頼り、その寺に寄宿させてもらって蘭方医《らんぽうい》やオランダ通詞《つうじ》（通訳）のところへ通った。そこまでは何の問題もなかったが、福沢がメキメキと力をつけると壱岐の態度が一変した。

壱岐は、家老の息子としてちやほやされて育ったからプライドが高く、「福沢がいると自分が低くみられる」と激しい嫉妬の炎を燃やし、父親に頼んで福沢を長崎から追い出したのだ。息子も息子なら親も親だが、やり口がひどかった。「中津にいる福沢の母が病気だから帰れ」という嘘の理由をでっちあげ、福沢の従弟に命じて福沢に伝えさせたのだが、天網恢恢《てんもうかいかい》といおうか、従弟を通じて陰謀の一部始終を知るのだ。

福沢は学業を断念し、しぶしぶ長崎を離れたが、中津へは帰らず、兄のいる大坂へ足を向けた。一八五五（安政二）年三月、全国的に著名な蘭方医緒方洪庵が教えている「適塾」の門を叩いた。中津藩邸の空き長屋で自炊しながら適塾へ通って、朝から晩まで勉強を続けた。長崎で学んだ蘭語が役に立ち、またたく間に福沢はトップになった。福沢諭吉二十二歳、青春真っ只中にいた。

だが翌年、兄三之助がリウマチで苦しむようになり、福沢自身も熱病で倒れた。福沢は、緒方洪庵夫妻の親身の介抱のおかげで命が助かり、以後、実父母のように慕うようになるが、三之助が大坂蔵屋敷での任期が満了したこともあり、療養も兼ねて二人して中津へ帰ることになった。しかし、門閥制度の厳しい同地にはもはや馴染めず、その一方で日に日に燃え盛ってくる激しい向学心を抑えることができなくなり、福沢は三カ月と持たずに八月には再び大坂へと出奔《しゅっぽん》、適塾に再入門するのである。

ところが、大坂に戻って一カ月経つか経たないうちに突然の訃報に見舞われる。親代わりの三之助が急死するのだ。一八五六（安政三）年九月、福沢二十三歳のときの出来事である。

「医は仁術」に学ぶ

福沢が実の親のように慕い尊敬した恩師緒方洪庵のことも知っておきたい。緒方洪庵は、福沢の退塾から四年後（一八六二〈文久二〉年）には、幕府から江戸へ召喚されて奥医師および西洋医学所の頭取を務めることとなるのだが、大坂時代にはベルリン大学のフーフェラント内科教授が五十年の医師経験に基づいて書いた専門書『医学必携』（Enchiridion Medicum）を二十年がかりで翻訳（蘭語訳本から和訳）していた。『扶氏《ふし》経験遺訓』（全三十巻）がそれで、福沢が在学中の一八五七（安政四）年秋に刊行された。「扶氏」とはフーフェラントの和表記氏名「扶歇蘭度」の略称だ。

緒方洪庵は、本の巻末にこまごまと書かれていた「医者への訓戒」を簡単な十二箇条の「扶氏医戒之略」に抄訳することで、日本の医師への訓戒とした。それは、「扶氏訓誡十二箇条」とも呼ばれ、今日の医学生や医者の心のバイブルとなっている。そこに書かれた事柄は、医師に限らず、どんな仕事に携わっていても、人なら誰にも当てはまる教訓なので、自分の仕事に置き換えて読むと、心の琴線に響くものがあるはずだ。

「扶氏医戒之略」（扶氏訓戒十二箇条）は、福沢諭吉の思想のベースとなった考え方であり、福沢の人格形成に多大な影響を及ぼしたものなので、現代語訳して以下に掲出したい。新型コロナが世界的に蔓延する当今、医療従事者の献身的な行動がメディアを通じて報道され、人々の心を打っているが、そういう姿と重ねて読んでいただきたい。

一、医者として生きていく目的は、ただ人につくすためであり、自分自身のためではないということ、それが医業本来の趣旨である。したがって、安楽な日々を送ろうなどと考えてはならず、名利を顧みるようなことはせず、我欲を捨てて人を救うことだけをただひたすら追いかけないといけない。人の命を健康に保ち、疾病を治して健康を回復させることで、人の苦しみを一時的あるいは継続的に軽くすること以外に使命はないのだ。

一、患者を診断するときは、単なる患者としてのみ接しなければならない。相手の身分が高貴か卑しいか、富裕か貧乏かといった点を見てはならない。富裕者が差し出す一握りの黄金に目を奪われるのと貧民の両眼にあふれる感涙とでは、どちらが心に訴えるものがあるか。そのことに深く思いを致さねばならない。

一、医療を施す際は、的に弓矢で当てるようなやり方で患者を診察してはならない。固定観念にとらわれることなく、漫然と試したりせず、気持ちを引き締め、見落としがないように細心の注意を払ってさまざまな角度から観察しようと心がけなければならない。

一、医学の勉学にいそしんで知識を増やすのは当然だが、それ以外にも日頃の言行に気を配って、患者から信用されるようにならないといけない。だからといって、世間に名が知れることを願って、はやりの服装を着用し、詭弁《きべん》を弄したり珍奇な説を唱えたりすることは、医師として大いに恥ずべき行為である。

一、夜になってから毎日やることとしては、昼間に診た患者の病症について改めて再考しながら、詳細に記録しておくことを日課にするとよい。それが積もり積もって一冊の本のようになれば、自分のためにもなるし患者のためにもなって、大いに役立つのである。

一、患者を往診するときは、数回足を運んでいいかげんに診るよりは、むしろ一度きりの往診に心血を注ぎ、細心の診たてをすることが重要だ。しかしながら、自尊心の高さが邪魔をして、しばしば患者宅へ足を運ぶことを望まないのは最悪である。

一、不治の病と闘っている患者には、その苦痛をやわらげ、その生命を保てるようにするのが医者としての職務である。見てみぬふりをして患者を放置することは人道に反する。たとえ救うことができなくても、慰めるなどして患者に寄り添うのが仁術というもの。ほんの短期間であるにしても、その患者の命を延ばす方法を考えなければならない。患者には不治の病であることを決して告知してはならない。言葉の端々や顔つき、そぶりなどに注意して悟られないようにしなければならない。

一、患者の治療費が少なくなるように配慮すべきだ。せっかく命が助かっても、生きていく資金を奪っては意味がない。貧しい患者の場合、そうしたことを斟酌《しんしゃく》することだ。

一、世の中の人々から好意を寄せられる存在にならないといけない。どんなに学術的にすぐれ、自身の言行を厳しく律していても、人々から信頼されなければ、徳を養っている意味がない。視野を広く持ち、世情に通じていることも必要である。ことに医者は、人の生命を預かる職業なので、患者は何もかもさらけ出し、秘密の事柄をも話し、恥ずかしい懺悔までしなければならない場合もある。だから、いつも篤実温厚であることを心がけて、多言は慎み、むしろ沈黙しているようにすべきである。博徒好き、酒飲み、好色、貪欲であってはならないことはいうまでもない。

一、同業者は敬愛しなければならない。それができないなら、せめて黙っている必要がある。他医を決して論評してはならない。人の短所をあれこれいうことは聖賢が固く戒めているところである。人の過ちをあげつらうのは、器の小さい者のすることだ。人は、ある朝たまたま犯した過ちをとやかくいわれただけでも、生涯にかかわる徳をなくしてしまうこともあるのだ。その得失は決して小さくはない。医者には自己流のやり方とか診療しながら自ずと会得した流儀もあるので、漫然と私論を押し付けることはよくない。老医には敬重な姿勢で接し、若輩医には親愛の情をもって接することだ。人がもし、前にかかっていた医者の得失を聞くことがあれば、得について述べるように努め、その治療の適否については、現在、症状が認められないなら、いうのを遠慮した方がよい。

一、治療をめぐって協議する会議は、回数を少なくする必要がある。人数は多くても三人を超えないようにすべきだ。患者の安全を第一に考え、それ以外のことは考えず、決して議論してはならない。
一、患者が今かかっている医者に不満を感じて、こっそり診察を求めてきても、黙って受け入れてはいけない。まずその医者に連絡を取り、どういう診断をし、どういう治療を行ってきたのかを確かめないうちに治療を始めてはならない。だが、その治療方法は誤っていると判断した場合、そのまま見過ごすのは医師たる者のすることではない。特に患者の生命が危ぶまれるときは、受け入れを躊躇してはならない。

「医は仁術とは、このことか」と気づかされる諸訓戒は福沢のバイブルと考えてよく、北里柴三郎の「伝染病研究所」設立支援もその一端だが、渋沢も弱者への慈悲心が強かった。日本赤十字、中央慈善協会（全国社会福祉協議会）の設立など六百近い慈善救済事業に関わった。なかでも三十八歳のときに設立した「東京養育院」は死ぬまで院長を務めた。二人をそうさせたのは、多感な思春期に強者から受けた理不尽な屈辱体験だった。

第二章 人生の転機〈青春後期〉

青春の野望と彷徨

日本の鎖国を武力で威嚇してこじ開けたペリーは、幕府に「考える時間を与える」と通告していったん離日、翌年の一八五四（嘉永七）年一月に今度は七隻もの軍艦を率いて再来日すると、下田に上陸して条約締結を幕府に迫った。幕府はその圧力に屈して、三月に日米和親条約（神奈川条約）を締結。弱腰を見抜かれた幕府は、続いてロシア、イギリス、オランダとも同様の条約を結び、二百年以上にも及んだ鎖国体制はもろくも崩れさった。

彦根藩主井伊直弼が幕閣の筆頭である大老に就くと、天皇の勅許を得ずに一八五八（安政五）年四月、独断で「日米修好通商条約」を結ぶという暴挙に出、尊攘派《そんじょうは》（尊皇攘夷派の略称）の激しい怒りを買う。そうした動きに対し、井伊は恐怖政治で応えた。反対派を弾圧して片っぱしから捕縛、影響力が大きかった橋本左内《さない》、吉田松陰らの志士を処刑した。世にいう「安政の大獄」である。だが、問答無用式の強引さがたたって、井伊も水戸浪士らに暗殺された。一八六〇（安政七）年三月三日、大雪の日の桜田門外での出来事だった。

このとき二十七歳になっていた福沢は、その事件を知らなかった。同年一月十九日に軍艦「咸臨丸」に乗って離日し、太平洋を一路アメリカへと向かっていたからだ。

渋沢は、読書や学問への意欲を引き出してくれた尾高新五郎を尊敬し、思想や言動でも強い影響を受けていた。新五郎は、井伊直弼を暗殺する思想的バックボーンとなった過激な水戸学派に心酔するにとどまらず、水戸浪士たちと親交を結んでおり、異国に脅されて開国した幕府の弱腰を激しく批判し、渋沢に「我が神州を軽侮する異人討つべし」との過激な攘夷論を吹き込んだ。「武士になって政治を動かしたい」と思い続けてきた渋沢の野望と熱情に火がついた。二十一歳の渋沢には「無謀」という言葉はなかったのだ。

新五郎の次弟長七郎は、ちょうどその時期に三年ほどの予定で江戸に滞在して学問と剣術の修行をしており、「井伊が惨殺された当日、桜田門の事件現場を通りかかり、雪の上に血痕が点々と残っているのを目撃した」と、のちに渋沢に語っている。

長七郎は剣術の教師を目指しているだけあって、江戸へ行く前には他流試合によく出かけており、渋沢がついて行くといつも勝つ凄腕だった。渋沢らは『水滸伝』を愛読し、尾高の家を「梁山泊」と呼ぶなど、どこか妄想めいた企てにのめりこんでいった。

新五郎や長七郎に刺激され、渋沢の青春の血が騒いだ。こう檄を飛ばしたのである。

「我々は農民ではあるが、いやしくも日本の国民である以上、傍観してなどいられない。世に騒動を引き起こす階梯《かいてい》（はしごだん・階段）となるような目覚ましい活躍をして散ってやろうじゃないか」

結婚しても「青春」の渋沢

「江戸出府《しゅっぷ》」の藩命が福沢に下ったのは、日米修好通商条約締結から四カ月が過ぎた一八五八（安政五）年十月、二十五歳のときだ。中津藩の江戸屋敷の蘭学講師として呼ばれた。再入門した「適塾」の塾頭として大坂で蘭語の勉強に励んでいた頃のことだった。

江戸屋敷では蘭学好きの者が集まって蘭学塾を開き、講師には他藩の学者を招いていたが、福沢が大坂にいることがわかり、他藩の者に頼る必要はないということになった。福沢にとって悪い話ではなかったが、江戸屋敷には嫌な奴がいた。男の嫉妬で福沢を長崎から追い出した例の家老の息子奥平壱岐《おくだいらいき》が江戸詰めとなって、藩士の上に君臨していた。

それでも福沢は「江戸へ参れば知己朋友は幾人もいて、だんだん面白くなってきた」と平然と接し、旧恩を謝する言葉を幾度も口にしたというから、一枚も二枚も役者が違っていた。福沢にはリーダーとしての力量が備わっており、江戸へ出るときに「一緒に行きたい者はいるか」と適塾生に声をかけている。二人が挙手したので一緒に江戸へ向かい、同月中旬には築地鉄砲洲《てっぽうず》の奥平家中屋敷にある長屋を借りて移り住むことになった。緒方洪庵が大坂時代の福沢に目をかけ、塾頭を命じたのは、リーダーとしての資質を見抜いていたからである。学問ができるだけでなく、同僚や後輩の面倒見もよく、親分肌のところもあった。

たとえば、江戸へ同行した一人は岡本周吉といい、同じ長屋に住んだが、福沢はこの男を跡継ぎのいない旗本の家の養子に取り持つのだ。岡本はのち古川節蔵《せつぞう》と名乗るが、波乱の人生を送る。幕府の軍艦「高雄丸」の艦長となり、戊辰戦争では官軍の装甲艦「東艦《あずまかん》」を宮古沖で襲撃するが、実はその東艦は福沢が通訳方として一八六七（慶應三）年に再渡米したときに購入してきた旧名「ストーンウォール・ジャクソン」だったという因縁話が絡むのである。同艦は、のち日清戦争のときに流行した俗謡「欣舞節《きんぶぶし》」の歌詞に「日清談判破裂して品川乗り出す東艦（吾妻艦）《らいぞう》」と盛り込まれるくらい有名な戦艦だった。

江戸へ同行したもう一人は原田磊蔵《らいぞう》といい、適塾で学んだ蘭方医の腕を活かしてお玉ヶ池種痘所の初代頭取の蘭学医大槻俊斎《おおつきしゅんさい》のところに身を寄せた。お玉ヶ池種痘所は、神田から下谷に続く武家屋敷が並ぶ下谷練塀小路《したやねりべいこうじ》にあった。練塀とは、瓦と練り土を交互に積み重ねて上を瓦で葺《ふ》いた塀をいい、その美しい縞模様の壁が続いていたことから練塀小路と呼ばれたのだ。福沢は、そのあたりにいた友人のところへよく足を運んだといっている。

長屋住まいの福沢のところへ藩士の子弟が何人か学びに来るようになり、次第にその数が増えていった。これが慶應義塾の源流である。

福沢の学問に対する価値観が一変するのは一八五九（安政六）年、横浜へ出かけたときだ。幕府が米英蘭仏露の五カ国と修好通商条約を結んで、横浜、長崎、箱館、神戸、新潟の五港を開港して以来、初めての横浜見物だった福沢は、外国人居留地へ足を踏み入れたが、目に入る横文字が読めず、意味もわからず、激しいカルチャーショックに襲われた。そのときの様子が『福翁自伝』に綴られている。

「外国人がチラホラ来ているだけで、掘立小屋みたような家が諸方にチョイ〳〵出来て、外国人が其処《そこ》に住まって店を出している。其処へ行ってみたところが、一寸《ちっ》とも言葉が通じない。此方《こっち》の言うこともわからなければ、彼方《あっち》の言うことも勿論わからない。店の看板も読めなければ、ビンの貼紙もわからぬ。何を見ても私の知っている文字というものはない。英語だか仏語だか一向わからない」

これまで数年間も勉強してきた蘭語が何の役にも立たないことに気づき、福沢は落胆したが、頭の切り替えが早かった。蘭英会話の本を二冊買い、翌日には「これからは英語が必要になるに違いない。これからは洋学者として英語を知らないと話にならない」と考え、英語を一から学ぼうと決意するのだ。しかし、英語を教えるところなどなく、江戸御用を勤めている長崎の通詞のもとに通ったが、教わる時間が合わない。ならばと、幕府の洋学研究機関「蕃書調所《ばんしょしらべしょ》」（開成所の前身）から辞書を借りて勉強しようとしたが、所外への持ち出しは禁止という。福沢の強みは、諦めないこと。英蘭対訳発音付きの辞書を藩に買ってもらって独習するのである。そして福沢は、いつも前向き。「蘭語も英語も同じ横文字、文法もほぼ同じなので、数年間の蘭語の学びは決して無駄ではなかった」と思うのだ。

日本の洋学は、こうして蘭語から英語へと移っていき、幕府の洋学研究機関の名称も変わっていく。蛮所和解御用《ばんしょわげごよう》（一八一一〈文化八〉年）→洋学所（一八五五〈安政二〉年）→蕃書調所（一八五六〈安政三〉年）→洋書調所（一八六二〈文久二〉年）→開成所（一八六三〈文久三〉年）という具合だ。

結婚後、攘夷思想にかぶれた渋沢

福沢と渋沢は、結婚年齢に隔たりがあるが、結婚した時期は三年違うだけだ。渋沢の方がずっと早く結婚し、安政の大獄が始まった年の暮れに十九歳で嫁をもらっている。新妻は十八歳、尾高新五郎の妹千代である。従妹で、新五郎の所へ学びに通っていたから知らない仲ではないが、本人が望んだわけではなく、周囲がお膳立てした婚姻だった。

福沢が結婚したのは渋沢の三年後、桜田門外の翌年で、二十八歳のときだった。新妻は江戸定府《じょうふ》（江戸に常住）の土岐太郎八《ときたろはち》の次女錦《きん》で、十七歳。詳細は後述する。

ここからしばらくは渋沢の話になる。渋沢の妻千代は、結婚三年後（一八六一〈文久元〉年）に妊娠した。しかし、渋沢は家庭的な男ではなかった。農閑期に入る三月初旬に遊学と称して父を説得し、三カ月の予定で江戸へ出かけた。学問の方は長七郎が学んでいた儒者の海保漁村《かいほぎょそん》の塾に入り、剣術の方は師範の腕前の長七郎が通っていた「練武館《れんぶ》」ではなく、お玉ヶ池の「玄武館《げんぶ》」に入門したが、海保漁村の塾は前述した「お玉ヶ池種痘所」と同じ下谷練塀小路にあったのである。福沢は親しい友人をよく訪ねているので、当時はまだ面識のなかった福沢と渋沢が道ですれ違った可能性なしとはいえないのだ。

幕末は剣術が盛んで、北辰一刀流の千葉周作の道場「玄武館」、神道無念流の斎藤弥九郎の道場「練兵館《れんぺい》」、鏡新明智流《きょうしんめいち》の桃井春蔵《もものいしゅんぞう》の道場「士学館《しがく》」を江戸三大道場と呼び、「位《くらい》は桃井、技は千葉、力は斎藤」などと評されたが、そこに〝心形刀流《しんぎょうとう》の中興の祖〟伊庭軍兵衛《いばぐんべえ》の道場「練武館」を加えて「江戸四大道場」といった。桂小五郎のちの木戸孝允は練兵館の塾頭で、坂本龍馬が通ったのは千葉周作の弟定吉《さだきち》の「桶町千葉道場《おけちょう》」だ。

江戸に出た渋沢と長七郎の目的は別のところにあった。学問や剣道を隠れ蓑にした同志集めだったのである。特に長七郎は、水戸浪士たちと親交を深めていた。

渋沢は、父との約束を守って三カ月後の五月には血洗島村へ戻った。その間にも千代の腹は大きくなり、出産を翌月に控えた翌年（一八六二〈文久二〉年）正月十五日、江戸で再び幕閣を襲撃する血なまぐさい事件が起きた。またしても水戸浪士らのしわざで、今度は老中安藤信正《のぶまさ》を坂下門外で狙ったが、負傷させただけで未遂に終わった。安藤は井伊路線を継承した公武合体論者で、嫌がる孝明《こうめい》天皇の妹和宮《かずのみや》を将軍に嫁がせるなどしたので水戸浪士らの怒りを買い、暗殺の標的とされたのだった。安藤は翌年老中を辞任、以後、老中が次々と変わる。

長七郎は襲撃に加わるはずだったが、兄の新五郎に「安藤を殺しても第二、第三の安藤が現れるから暗殺は無駄だ」と説得され、断念した経緯があった。新五郎が首謀者の宇都宮藩の藩儒大橋訥庵《とつあん》(順蔵《じゅんぞう》)に断りの手紙を送って事なきを得たのである。幕府は先手を打って大橋を捕縛した。他の同志が暗殺未遂事件を起こしたのは、その三日後だった。長七郎にも追手が迫ったので、信州を経由して京都へ逃れて身を隠すことになった。

千代が渋沢の長男を出産したのはこの事件の翌月で、渋沢は二十三歳の若い父親となったが、市太郎と命名されたその子は麻疹《はしか》にかかって生後六カ月で早世した。

坂下門外の変を福沢諭吉がどうみていたかが『福翁自伝』に記されている。

「井伊掃部頭《かもんのかみ》はこの前殺されて、今度は安藤対馬守《つしまのかみ》が浪人に疵《きず》を付けられた。その乱暴者の一人が長州の座敷に駈け込んだとか何とかいう話を聞いて、私はそのとき初めて心付いた、なるほど長州藩も矢張り攘夷の仲間に這入《はい》っているのかとこう思ったことがある。兎《と》にも角にも日本国中攘夷の真盛《まっさか》りでどうにも手の着《つ》けようがない」

人間万事塞翁が馬

「青年時代は血気時代であるから、後日の幸福の基になることであれば、その血気を善用し、とかく保守に流れがちになる老人たちが危険に感じるくらいの行動をしてもらいたい」

これは、自叙伝『雨夜譚』に記された晩年の渋沢の言葉である。

「青年時代に正義のために何かをやろうとして、失敗を恐れるようでは見込みがない。自分が正義と信ずる限り、あくまでも進取的に剛健な行為をしてほしい。正義感で進み、岩をも貫く鉄石心《てっせきしん》（堅固な意思）で傾倒すれば、ならざることはない。そういう意気込みで進まねばならない。この志さえあれば、いかなる困難も突破し得るので、たとえ失敗することがあっても、それは自身の注意が足らないからだ。心に何らやましいことがなければ、多大の教訓が得られ、より一層の剛健な志を養うことができ、ますます自信を深め、勇気を増して、猛進することが可能になり、壮年に進むにつれて有為な人物になれるはずだ」

この言葉には、渋沢自身の青年時代の実体験が重なっている。

渋沢が血気に突き動かされて「高崎城《たかさきじょう》乗っ取り計画」を立てたのは、二十四歳のときだった。新五郎や長七郎の口から語られる水戸浪士らの尊攘思想にかぶれ、「外国はすべて夷《い》狄禽獣《てききんじゅう》」と思うようになり、遊学と称して父を説得して江戸へ出、私塾や剣道場に通って同志を集めた。総勢五十九人が集まり、武器等も買い集めた。そこに至るまでの数年間の世の中の動きと渋沢の動きをみてみよう。

二十一歳　桜田門外の変　一八六〇（安政七）年三月三日
二十二歳　渋沢、江戸へ　一八六一（文久元）年三月初旬〜五月末（千代、第一子妊娠）
二十三歳　坂下門外の変　一八六二（文久二）年一月十五日
二十四歳　渋沢、江戸へ　一八六三（文久三）年五月初旬〜九月末（千代、第二子妊娠）
攘夷決行予定日　〃　十一月二十三日（冬至）

渋沢は二度江戸遊学をし、その時期に妻千代は二度妊娠した。一人目の男児は前述したように麻疹で早世したが、二人目の子は攘夷決行を前にした一八六三（文久三）年八月に生まれた女児で、宇多《うた》（のち歌子）と命名され、長生きする。二十歳のときにドイツ帰りの法学者穂積陳重《ほづみのぶしげ》と結婚、渋沢が永眠した翌年（一九三二〈昭和七〉年）に七十歳で没する。
攘夷思想に取りつかれた渋沢は、もはや自身の血気を抑えかねた。

「天皇の御意向を無視し、洋夷《ようい》のために我《わ》が神州を軽侮するような幕府では、攘夷など決行できぬ。徳川の幕政はもはや腐敗しており、遠からず滅亡するに違いない。我々は農民であっても日本国民である以上、傍観してはおられぬ。ならば、この際、天下の耳目を驚かすような大騒動を起こし、目覚ましく血祭りになって、幕政の腐敗を洗濯してやろう」

渋沢らは、決起を二波に分けた。第一波は高崎城の襲撃占拠だ。城で兵備を整え、人気《ひとけ》の少ない鎌倉街道を通って横浜に入り、異人居留地を焼き払う。それが第二波である。

決行日を十一月二十三日と決め、京都にいる長七郎に同志を連れて帰郷するよう促した。長七郎が帰村し、十月二十五日に新五郎の自宅に集まった。ところが、長七郎は意外なことをいった。同年（一八六三〈文久三〉年）八月に起こった「天誅組の変」（大和五条の変）を例に引いて「挙兵は無謀すぎる」と制止したのだ。

「十津川郷士らは、公家中山忠光《ただみつ》公を擁して大和五条の代官所を襲撃したが失敗した。それより少ない兵力で勝てるわけがない」

中山忠光は孝明天皇の侍従だった尊攘派の急先鋒で、実姉慶子《よしこ》は明治天皇の母である。十津川郷士で思い浮かぶのは、坂本龍馬の暗殺犯が十津川郷士と名乗って近江屋の二階に上がって目的を遂げたことだ。その事件は天誅組の変から四年後の一八六七（慶應三）年秋に起こった。

渋沢は京都での動きを見知っている長七郎の論に強い説得力を感じ、挙兵を断念した。だが、村の噂になっていた。関八州の取り締まりも厳しく、江戸の近辺は危険だ。京都なら志士がいっぱいいて目立ちにくい。そう考えると、ぐずぐずしていられなかった。

禍福はあざなえる縄の如し

渋沢はこれまで行動を共にしてきた二つ上の従兄の喜作と相談し、伊勢参りを口実にして京都へ身を隠すことになった。通行手形がいるが、幸いにもその頃二人は一橋家の用人《ようにん》平岡円四郎《ひらおかえんしろう》と面識があった。同家では人材を募集しているという話も聞いていた。うまくいけば、武士になれるかもしれない。伊勢参りも、平岡の家来として手形をもらえば、怪しまれることもない。早速訪ねた。平岡は二カ月前に藩主の一橋慶喜のお供をして京都へ行って留守だったが、細君が話を聞いているといって手形を渡してくれたので、十一月十四日には江戸を出立することができ、二人は二十五日には京都に着き、旅装を解いた。

年が明けて一八六四（元治元）年、二月のある日、江戸の長七郎から度肝を抜かれる手紙が届いた。あけてびっくり、伝馬町の牢屋から出された手紙だった。長七郎が大変なことになっていた。二人の仲間と江戸へ向かう途中で人を殺めてしまい、捕縛されたというのだ。しかも、不運にも懐中に渋沢からの手紙を入れていたと書いてあった。

その手紙には、こう記されていたのである。

「京都には有志の人も多いから、幕府は、攘夷鎖国の談判のために潰れるに違いない。我々が国家のために力を尽くす秋《とき》だ。それには京都に来る方が都合がよかろう。貴兄も京都へ来て一緒にやろうじゃないか」

渋沢と喜作は、自分たちもお尋ね者なのかと思い、その晩は眠ることができなかった。

翌朝、平岡円四郎に呼び出され、屋敷へ行くと詰問された。

「幕府から、君らのことを聞いてきた。何があったのか。隠さずに話してほしい。悪いようにはしない」

渋沢は、心のうちを正直に話した。

「一命を捨てることはいささかも厭《いと》いませんが、不幸にも志を合わせて死生を共にしようと約束した者が江戸で捕縛され、いまさら郷里へ帰ることも出来ず、ほとんど進退に窮しました」

すると平岡は、こういった。

「拙者も小身ではあるが幕府の人間だ。そうはいっても、一橋家へは近頃仕官したのであるから、人を抱《かか》えるの、浪士を雇うだのということは難しい話だが、もし足下らが当家へ仕官しようと思うならば、平生の志が立派であるから世話をしてみようと思うが、どうか。

ただし、当分は下士足軽で辛抱しなければならぬ」

平岡円四郎は一八二二（文政五）年生まれ、旗本の出である。渋沢より十八歳年上で、このとき四十三歳だ。一八五三（嘉永六）年に川路聖謨《かわじとしあきら》や藤田東湖《ふじたとうこ》の推薦で一橋家の雇小姓《やといこしょう》に取り立てられ、一八六三（文久三）年に用人になった苦労人だった。川路は奈良奉行、大坂町奉行、勘定奉行、外国奉行を歴任した能吏、藤田は吉田松陰、西郷隆盛、橋本左内らに多大な影響を与えた水戸藩の儒者である。

「足下らが国家のためだといって一命をなげうったところで、それが真に国家のためになるわけでもあるまい。たとえ幕府が悪くても、一橋の君公はそうではない。前途有為の君公に仕えるなら、草履《ぞうり》取りをしても志を慰められるというものではないのか。節を屈して仕える気があるのなら、拙者が尽力しよう」

平岡の熱い心に感じ入った渋沢と喜作は、一橋家に仕えることを決断したのだった。

平岡円四郎という武士は、人情家でもあったのだろうが、農民出の渋沢栄一という男のなかに眠っているたぐいまれな才能に気づいていたのである。平岡は、この日から四カ月後の一八六四（元治元）年五月に家老になるが、その直後に攘夷派の水戸藩士に殺害されるという悲しい運命をたどる。享年四十三。

その平岡の計らいで喜作ともども一橋家に取り立てられた渋沢だったが、その後はどうなったのか。渋沢が「殿に会わせていただけないか」と打診すると、平岡は「一介の百姓上がりの若者が直ちにお目どおりというわけにはいかぬ」と応じ、まるで時代劇でよく見かけるようなお膳立てをした。慶喜が馬で外出するときに走ってついてゆき、馬を止めて小休止したときに目に付くようにし、顔を覚えてもらうという段取りだった。その日、渋沢と喜作は心臓が飛び出るかと思うほど駆けに駆けまくって、無事、一橋慶喜との謁見に成功した。

渋沢は、生涯にわたって前向きに生きた。一橋家に奉公したときも新しい仕事を学びながら創意工夫を心掛け、さまざまな提案をした。慶喜は渋沢の非凡さを見抜き、「この男は磨けば光る」と考え、渋沢が「禁裏御守衛総督《きんりごしゅえいそうとく》」という大任を帯びた一橋家に少しの兵備もないというのは、いかがなものか。領内の農民を集めて歩兵隊を結成してはどうか」と大胆な建言をしたときも耳を傾けた。慶喜が禁裏御守衛総督を命じられたのは、渋沢が同家に仕官した翌月の一八六四(元治元)年三月だ。それからちょうど一年しかたっていなかったから、「家中の者は例外なく驚いたが、慶喜は「やるがよい」といって「歩兵取立御用掛」を命じた。意気に感じた渋沢は、苦労を厭わずに駆けずり回って四百五十人ほどの志願兵を集めることに成功。そうやって渋沢は次第に一橋家で地歩を固めていくのだ。

それにしても、渋沢の人生はまるで中国古典に出てくる逸話のようだった。『漢書』の「禍福はあざなえる縄の如し」であり、『淮南子《えなんじ》』の「人間万事塞翁《さいおう》が馬」である。

「外国人は斬り殺し、武士の世の中を転覆させよう」と考えた一介の農民がめぐりめぐって武士になり、藩士から幕臣へと出世したと思ったら、洋行中に朝敵にされ、幕府が滅んでいたのである。

福沢もまた同じような〝変転の人生〟を歩んでいた。オランダ語を学んでいた長崎を家老親子に追い出され、大坂の適塾に安住の地を見つけたと思ったら、江戸へ出てこいといわれ、居留地の見物に出かけて英語と出合い、「これからは英語の時代だ」と悟って渡米のチャンスを掴み、西洋文明を日本に移入させる先導役として啓蒙家、教育家になるという波乱に満ちたストーリーも、まさに「禍福はあざなえる縄の如し」「人間万事塞翁が馬」だ。

森鴎外と渋沢・福沢を結ぶ「点と線」

渋沢と福沢が初めて顔を合わせるのは一八七〇（明治三）年、場所は芝新銭座《しばしんせんざ》の福沢邸だったといわれている。福沢三十七歳、渋沢三十一歳だが、それ以前に二人は不思議な縁《えにし》で結ばれたようなところがあった。そのことを示すために、渋沢が通った江戸の塾について触れておきたい。

文豪森鴎外の傑作のひとつに『渋江抽斎《しぶえちゅうさい》』と題した長編の史伝がある。鴎外が「武鑑《ぶかん》」（江戸時代に出版された、大名や旗本の姓名・出自・職務・石高などをまとめた名鑑）について調べようと思って、徳川史の資料を収集していると、「弘前医官渋江氏蔵書記」の朱印が押された書物が何冊もあった。鴎外は、医者でもあったので、その蔵書印を押した渋江という人物に興味を持ち、当人や先祖はおろか子々孫々までとことん調べ、史伝としてまとめた。それが、『高瀬舟』『舞姫』『雁』などと並ぶ鴎外の代表作の一つとされる『渋江抽斎』である。

その本のなかに渋江抽斎の墓碑銘を書いた人物として登場するのが、渋沢が通った塾の主宰者海保漁村《かいほぎょそん》なのである。もっと奇遇なのは、森鴎外に渋江家情報を提供した抽斎の三男保《たもつ》と福沢諭吉との関係である。渋江保は福沢に魅了され、英語を学ぼうとして慶應義塾に進み、『学問のすゝめ』を批判した男を福沢に代わって論駁《ろんばく》する文章まで書いて、福沢が立ち上げた新聞（「時事新報」の前身）に投稿し、福沢に目をかけられることになるのだ。渋江保には文才があり、明治から昭和初期にかけて翻訳家・小説家として活躍し、明治時代には愛知中学校の校長も務めた。

渋沢の自叙伝には海保章之助と記されているが、章之助は通称で、本名は元備《もとなり》。私塾で教えていただけでなく、江戸幕府唯一の医学専門学校「医学館」（前身は幕府の奥医師多紀元孝の私塾「躋寿館《せいじゅかん》」）の儒学の講師でもあり、「海保漁村」という呼び名で広く世間に知られていた人物で、森鴎外は『渋江抽斎』に次のように記している。

「海保の塾は下谷練塀小路にあつた。所謂傳經廬《でんけいろ》である。下谷は卑濕《ひしつ》の地なるにも拘《かかわ》らず、庭には梧桐《ごとう》が栽《う》ゑてあつた。これは漁村が其師大田錦城《そのしおおたきんじょう》の風《ふう》を慕って植ゑさせたのである。当時漁村は六十二歳で、躋寿館の講師となっていた。（中略）しかし、躋寿館に於ても、家塾に於ても、大抵養子竹逕《ちくけい》が代講《だいこう》をしていたのである」

「晩年の漁村が弟子のために書を講じたのは、四九の日の午後のみで、其他の授業は竹逕が悉くこれに當つてゐたからである。（中略）漁村没後に至っても、練塀小路の傳經廬は舊《きゅう》に依《よ》って繁盛した」

海保漁村は慶應二（一八六六）年に六十九歳で没するが、渋沢が従兄の喜作と一緒に学んだ時期はその五年前の文久元（一八六一）年の六十四歳のとき。引用文の二年後だ。

渋沢が海保の私塾「傳經廬」（廬は「いおり」「草庵」のこと）に通った期間は、春先の農閑期を利用した二カ月ほどに過ぎず、先生が海保漁村自身ではなく養子の若先生で、四のつく日と九のつく日しか海保が講義しなかったにしろ、真の目的は学問とは別の「同志集め」にあったのだから、そんなことは問題ではなかった。

渋沢は、江戸滞在中、海保の私塾や千葉周作の剣道場に集う若者たちに声をかけ、何人かの同志を集めたが、若さと情熱だけに突き動かされた無謀な攘夷計画だったから、先述したように、あっけなく頓挫する。

海外渡航で才能開花

福沢と渋沢には、屈辱体験以外にも共通する大きな「ターニングポイント」があった。二十代後半の海外渡航体験である。つい先日まで鎖国していて海外渡航など「夢のまた夢」どころか「不可能」だった時代に、福沢は渡米、渋沢は渡欧したのだ。しかも福沢は、幕末の七年間に渡米、渡欧、渡米と三度も海を渡っている。

海外渡航という貴重な経験が二人の視野を一変させ、人としての器まで大きくするのである。渋沢など、それまで「外国は夷狄禽獣と軽蔑していた」のが、渡欧後は「これからは早く外国の言語を覚え、外国の書物がよめるようにならなくちゃいけない」とコペルニクス的転回をしたのだから驚く。

まず福沢の三度の渡航は、次のようだった。

一回目　渡米　二十七歳　一八六〇（万延元）年一月十九日～五月五日

二回目　渡欧　二十八～二十九歳　一八六一（文久元）年十二月～翌六二（同二）年十二月十一日

三回目　渡米　三十四歳　一八六七（慶應三）年正月二十三日～六月二十七日

福沢には体力にものをいわせる「行動力」があり、「ここぞ」という場面では果敢に動いた。幕府がオランダから二万五千両（今日の貨幣価値で二十億〜二十五億円見当）もの大金を投じて購入した軍艦「咸臨丸」を米利堅《メリケン》（アメリカ）へ派遣するという話を耳にしたときも、自分から志願した。艦長に命じられた軍艦奉行木村摂津守《せっつのかみ》の従者になって渡米したいと考えたものの、木村とは面識がない。大坂から江戸へ出てきた翌年のことで、これといった縁故もない。福沢はどうしたか。頭に浮かんだのは、適塾で学んだ経歴を活かし、蘭方医《らんぽうい》（蘭学医）に推薦してもらうという手だった。

江戸には代々幕府の奥医師を務めてきた桂川家《かつらがわけ》という名家があった。蘭方医の〝総元締め〟で、蘭方医修行をしている地方在住者が江戸に来たら、イの一番に挨拶に伺わなければならない家門である。杉田玄白《げんぱく》、前野良沢《りょうたく》、中川淳庵《じゅんあん》らと日本初の西洋解剖医学書『解体新書』（一七七四〈安永三〉年刊／原典はドイツの医学書『ターヘル・アナトミア』で、そのオランダ語訳本）を翻訳した桂川甫周《ほしゅう》も同家の人である。

福沢も例に漏れず、桂川家には何度か出入りしていた。幸いなことに、その桂川家と木村家はごく近い親戚という。そのツテを頼らない手はないと福沢は考えた。思い立ったが吉日と福沢は桂川家を訪ね、紹介状を書いてもらうことに成功。その書状を持参して木村に直談判すると、その場で渡航要員にしてもらえた。いってみれば、押しかけ志願。そういう経緯があった。

吉田松陰との違いは「運」「計画性」の有無

福沢が乗り込んだ「咸臨丸」はオランダで建造された百馬力の蒸気船だが、蒸気を使うのは入出港のときだけで、あとは風力を使う帆船だった。幕府がなぜ咸臨丸をアメリカへ向かわせたかといえば、同国の海底測量船が奄美大島沖で難破した事件が関係していた。乗組員は助かって横浜へ移送され、幕府の庇護を受けていた。彼らは迎えにきた蒸気外輪フリゲート艦「ポーハタン号」に乗って帰国することになり、同船をサンフランシスコまで護衛する随伴船《ずいはんせん》の役割を帯びたのが咸臨丸だったのである。

ポーハタン号は、ペリーが初来航した翌年（一八五四〈嘉永七〉年）三月に「日米和親条約」を結ぶために再来航した船隊の旗艦で、二十五歳の吉田松陰が国禁を犯して密航しようとして乗り込み、交渉したが拒否された船である。

艦上で松陰は、日本語を流暢に話す通訳ウィリアムズと話をした。

「何のためにアメリカへ行きたいのか」

「学問をするためだ」

学問と聞いてウィリアムズは、「このことは私とペリー提督だけが知ることだ」と前置きして、こういった。

「アメリカへ行きたいという君の希望を提督も私も心中では大変喜んでいるが、幕府との条約を取り決めた以上、君の願いを聞き入れるわけにはいかない。もう少し待てば、日米両国の往来は自由になる。そのときこそ来てほしい」

松陰は食い下がった。

「海岸に戻れば、死刑になる。どうしても乗せてほしい」

押し問答を続けたが、松陰の願いは聞き入れられなかった。下田沖に停泊するポーハタン号まで漕ぎ寄るのに使った小舟が流され、そこに刀、日記、象山から贈られた漢詩も入れておいたために事が露見するのは時間の問題と考え、松陰は翌日自首、江戸伝馬町の牢獄へ送られたのである。

「下田踏海《とうかい》」と呼ばれるこの密航未遂事件に対し、評定所《ひょうじょうしょ》（現在の最高裁判所に相当）が下した判決は「遠島《えんとう》」だったが、大老井伊直弼は納得せず、「死刑」と書き改めさせ、松陰は一八五九（安政六）年十月二十七日に処刑場の露と消えた。福沢が咸臨丸で日本を出航したのは、それから三カ月もたっていない翌年（万延元年）一月十九日のことだったから、「不運」というしかない。だが、読者が次の事実を知れば、「不運では片づけられない何か」を感じるに違いない。実は松陰は、咸臨丸の乗船候補の一人だったのだ。そういったのは、松陰の師の佐久間象山である。象山は、勝海舟、坂本龍馬らの師でもある。

象山は、松陰にこういったのだ。

「幕府がオランダから軍艦を購入し、その船に俊才を乗せて海外に送り出して海外事情を調査させてはどうかと勘定奉行の川路聖謨《かわじとしあきら》に話したところ、賛成し、その計画を進めることになり、門人のなかに適材の若者はいないかと尋ねられたので、数名が浮かんだ。その候補者のなかに君の名前も入っている」（拙著『吉田松陰「留魂録」』より流用）

その象山も連座して国元の松代に蟄居させられたが、許されてのち、尊大さがたたって、一八六四（元治元）年に京都で暗殺された。享年五十四。松陰が没して五年後、福沢が外国奉行翻訳方として召し抱えられた年のことだった。翻訳方は、安政年間（一八五四〜六〇年）に海軍所と外国奉行に設置された、外国語の翻訳をする仕事である。

福沢と松陰を比べてみると、松陰は辞世の「かくすればかくなるものと知りながら已《や》むに已《や》まれぬ大和魂」から推測できるように、情熱だけで渡航に賭け、失敗したのに対し、福沢は計画を練り、縁故を有効に活かすなど綿密さで勝り、成功したという大きな違いがあるが、もし松陰が朗報が届くのをじっと待っていたら、咸臨丸の船上で福沢諭吉と出会い、「学問」という共通のテーマで意気投合し、日本の歴史が変わっていた可能性が高い。

一方、渋沢は、「世の中のことはかくすれば必ずかくなるものである、という因果関係があるのだから、人が世の中に処していくのには、形勢を観望して気長に時期の到来を待つということも、決して忘れてはならない」と『雨夜譚』に記している。

松陰が密航に失敗したのは二十五歳、福沢が咸臨丸で渡航したのは二十七歳、そして渋沢がパリ万博へ出向いたのは二十八歳。いずれも青年期の出来事である。的を射た譬《たと》えではないかもしれないが、松陰は「鳴かぬなら殺してしまえホトトギス」の信長型、福沢は「泣かぬなら鳴かせて見せようホトトギス」の秀吉型、渋沢は「鳴かぬなら鳴くまで待とうホトトギス」の家康型といえるかもしれない。

写真館の少女とのツーショット

福沢は、咸臨丸を日本の誇りと自慢している。

「日本人が初めて蒸気船なるものを見たのは嘉永六（一八五三）年、航海を学び始めたのは安政二（一八五五）年のことで、安政二年に長崎においてオランダ人から伝習したのがそもそも事の始まりで、その業成って外国に船を乗り出そうということを決したのは安政六年の冬、すなわち目に蒸気船を見てから足掛け七年目、航海術の伝習を始めてから五年目にして、それで万延元（一八六〇）年の正月に出帆しようというその時、少しも他人の手を借らずに出掛けて行こうと決断したその勇気といいその伎倆といい、これだけは日本国の名誉として、世界に誇るに足るべき事実だろうと思う」

その咸臨丸で木村艦長の次に偉かったのは、勝海舟だ。通訳（通弁《つうべん》）がジョン万次郎（中浜万次郎）で、乗員は総勢九十六人。福沢が胸を張ったように日本人だけで船を操縦したが、真冬の航海とあって海は荒れに荒れ、勝海舟などは船酔いが激しく、日頃の大口はどこへやら、青い顔をしていたと福沢が証言している。

「勝麟《りん》太郎という人は艦長木村の次にいて指揮官であるが、至極船に弱い人で、航海中は病人同様、自分の部屋の外に出ることは出来なかった」

こういう逸話を知ると、勝海舟という号は「船や海に勝ちたい」との切なる願いが込められたものだったのかもしれないと思えてくる。その点、福沢はケロッとして初めての洋行を満喫していたというから恐れ入る。以下は、『福翁自伝』の記述である。

「三十七日かかってサンフランシスコに着いた。航海中、私は身体が丈夫だとみえて怖いと思うた事はない。始終私は同船の人に戯れて『これは何の事はない、生まれてからマダ試みたことはないが、牢屋に這入《はい》って毎日毎夜大地震にあっていると思えば宜《い》いじゃないか』と笑っているくらいなことで、船が沈もうということは一寸《ちょい》とも思ったことがない」

空がカラリと晴れた天気は四日か五日しかなかったという大変な航海で、船中は水浸しだったが、船は無事にアメリカに着いたのである。

「着くやいなや土地の重立ったる人々は船まで来て祝意を表し、これを歓迎の始めとして、陸上の見物人は黒山の如し」

上陸後も「ソレはソレは実に至れり尽くせり。この上のしようがないというほどの歓迎」という大歓迎の嵐で、接待また接待の日々。福沢は、初めて目にする絨毯に目を見張り、シャンパンの開栓音に驚くなどカルチャーショックの連続パンチを受けまくった。

男女が体を密着させて踊る社交ダンスやフォークダンスには度肝を抜かれたようで、

「妙な風をして男女が座敷中を飛び回るその様子は、どうにもこうにもただ可笑しくてたまらない、けれども笑っては悪いと思うから成《な》るたけ我慢して笑わないようにして見ていたが、これも初めのうちは随分苦労であった」

日本が近代化した証しを欧米先進諸国に誇示する目的で鹿鳴館《ろくめいかん》を建て、連夜にわたって舞踏会を開催するのは、それから二十三年も後、一八八三（明治十六）年のことになる。

福沢が滞米時に撮った写真に十五歳のアメリカ人の少女と写っているものがある。まるで恋人か何かのような雰囲気が感じられるポートレイトだが、その子は写真屋の娘だ。見たことがある人もいると思うが、着物姿で腕を組み、椅子に座った福沢の隣には、裾が広がった派手な柄のワンピース姿の少女がその椅子に軽く片肘を置いて立っている。

上陸前の船中では、見たことのない異国の女性に興味を示し、あれこれ噂していたのだろう。そういう連中に福沢は帰国時の船中でこの写真を見せ、こういったのだという。

「お前たちはサンフランシスコに長く逗留していたが、婦人と親しく相並んで写真を撮るなぞということは出来なかったろう、サアどうだ、朝夕口でばかり下らないことを言っているが、実行しなければ話にならないじゃないか」

冗談っぽい言い方のなかにも「口で言うだけでなく、実行しなければ意味がない」との福沢の信念の片鱗がうかがえる。福沢は、日本初の英語辞書となるウェブスターの辞書など、サンフランシスコでたくさんの本を買ったが、そのなかに中国人の商人から買い求めた単語集『華英通語』（子卿《しけい》著）があった。帰国後、さっそくウェブスターの辞書を使って、その本にカタカナで発音と和訳を加え、『増訂　華英通語』として出版したが、これも「実行しなければ意味がない」という主義信条の表れだ。同書が福沢の最初の著書である。

咸臨丸は三月十九日にサンフランシスコを離岸、ハワイ経由の帰路をとり、五月五日に帰国すると、福沢は幕府の翻訳方に命じられた。生活が安定したので、福沢は嫁をもらった。先述した中津藩士土岐太郎八の次女錦で、年齢は十一も下の十七歳だった。

土岐家は福沢家より格上の「上士」である。当時、上士の家と下士の家の結婚は極めて珍しかったが、福沢の母お順も上士の娘だった。亡父百助が学者として藩内の上士からも尊敬を集める存在だったことも、身分差という高い壁を越えた結婚を可能にしたと思われる。福沢が結婚してから十六年後（一八七七〈明治十年〉）に著した『旧藩情』には、上士の家と下士の家の結婚について「今日では稀に結婚する者もないわけではないが、今後どんどん増えていくような勢いは感じられない」と書かれている。福沢家が上士と縁戚関係にあったとはいえ、結婚でも旧弊を破る一石を福沢は投じていたのだ。

錦は、福沢との間に四男五女をもうけ、福沢の死（一九〇一〈明治三十四〉年）から二十三年後の一九二四（大正十三）年（関東大震災の翌年）に八十歳で没する。福沢との結婚生活は四十年間に及んだ。その点、渋沢の最初の妻千代が四十二歳のときにコレラに罹患し、結婚生活二十四年で人生の幕を閉じたのとは対照的だ。

渋沢は千代と死に別れた翌年に伊藤兼子と再婚する。兼子は豪商の娘で結婚歴があった。実家が没落して渋沢が面倒を見るかたちになるが、千代の死を受けて三十一歳のときに正妻になる。兼子は渋沢の三回忌を終えた翌年（一九三四〈昭和九〉年）春に八十三歳で死去するが、渋沢との結婚生活は五十年近くに及んだ。

福沢、欧州へ渡る

福沢の二度目の海外渡航先は、欧州だった。咸臨丸から約二年後。新婚間もない一八六一（文久元）年十二月、二十八歳のときに幕府の御雇翻訳方として、松木弘安、箕作《みつくり》秋坪《しゅうへい》らと遣欧使節に加わった。翌年正月一日に長崎を出発し、インド洋を経て航海に入り、スエズから鉄路エジプトのカイロに至り、地中海を渡り、マルセイユに着いた。以後の訪問先は、フランス、イギリス、オランダ、ドイツ（プロイセン）、ロシア、ポルトガルである。

前回は木村艦長の従僕待遇だが、今度は歴とした政府役人待遇。福沢を見る世間の目が大きく変わっていたことがわかる。旅中の費用はすべて国費で、四百両の手当までついたので、出発に際して中津の五十八歳の母に百両を送金し、残りはロンドンの書店で大量の英書を買った。これが日本への英書輸入の始まりだと福沢はいっている。

福沢の三度目の渡航は、再渡米になる。壮年期の三十四歳のときの出来事ではあるが、それ以前の渡航と比較する意味で、ここで一括して触れることにする。この渡米は太平洋を横断する郵便船が開通した一八六七（慶應三）年で、正月二十三日に横浜を出港し、二十二日後にはサンフランシスコに着いた。咸臨丸のときは三十七日間を要したから二週間も早い。咸臨丸のときはサンフランシスコと帰路寄港したハワイだけしか見ていないが、再渡米では東海岸のニューヨークやワシントンなどのほか、パナマにも足を延ばした。

この旅は、咸臨丸の航海長だった小野友五郎《おのともごろう》に頼んで実現した。小野は笠間《かさま》藩の下級武士で、江川太郎左衛門《えがわたろうざえもん》（伊豆韮山《にらやま》に反射炉を建設した兵学者）に砲術やオランダ語を学んだ数学者でもあった。その頃の福沢の考え方は、こうだった。

「今の幕府の気が知れない。攘夷鎖港とは何の趣意だ、これがために品川の台場の増築とは何の戯れだ、その台場を築いた者はこのテーブルの中にも居るではないか、こんなことで日本国が保てると思うか。日本は大切な国だぞ」

福沢は激しく論争し、相手の主張を厳しく批判はするが、「ならぬ堪忍、するが堪忍」を生涯貫いた人である。手を出したことは生涯一度もなかった。

その点、渋沢は結構気が短く、激することも多かったと複数の子孫が証言しているが、やはり暴力に訴えるようなことはしなかった。そこが偉人の偉人たるところか。

渋沢の著書『青淵《せいえん》百話』に「会社銀行員の必要的資格」という項目があり、「学問・技芸上の資格」として「温良なること」「忍耐力あること」を挙げている。渋沢が必要という資格は全部で七つあり、残る五つは「実直」「勤勉精励」「着実」「活発」「規律を重んずる」で、それらは今の時代の「サラリーマン訓」としても通用するお題だ。

渡欧と生麦事件と維新

福沢が渡欧中の一八六二（文久二）年八月、日本では大変な事件が起きていた。薩摩藩主の父島津久光の行列を馬に乗って横切ったイギリス人を無礼打ちした「生麦事件」だ。怒ったイギリスは薩摩藩と幕府に高額の損害賠償を求めた。

福沢は同年に渡欧しているが、生麦事件を知るのは帰国船がシンガポールに寄港したときで、「日本に帰ってみれば、攘夷論の真っ盛りだ」と福沢は語っている。帰国したのは十二月半ばだったから、福沢は二十九歳の歳月のほとんどを異国で過ごしたことになる。帰国後の福沢は、イギリス公使が幕府によこした英文の文書の翻訳に携わる。生麦事件の後処理である。

一方、渋沢がパリ万博の随行員として渡欧したのは、福沢に後れること五年、一八六七（慶應三）年のことだったが、不思議なめぐりあわせというべきだろうか、福沢とほぼ同年代の二十八歳のときの出来事なのである。幕府滅亡の報《しら》せを受けて、渋沢が急遽帰国したのは一八六八年（慶應四年すなわち明治元年）の十一月で、世の中は一変していた。

渋沢は『雨夜譚』で語っている。

「帰国後日本の状況を承わると、慶喜公は御謹慎で、駿河の宝台院という寺に居《お》らるる。逆賊と誣《しい》たげられた御人《おひと》であるから、ほとんど蟄居《ちっきょ》的でござるという様子。昨年私の出立《しゅったつ》の時には幕府の将軍で居られた人が、二年足らずの歳月を経て見ると、汚い寺院の一室に押込め隠居のような有様を拝しては実に滄桑《そうそう》の嘆、何とも感慨無量であった」

慶喜の境遇の大激変ぶりを、滄海《そうかい》が桑畑に変わっていたという故事「滄海之変」（「滄桑之変」

ともいう）に喩えて嘆いていたときの様子をいっている。

渋沢の人生を変えた「渡欧での学び」

渋沢が将軍徳川慶喜の弟昭武《あきたけ》（民部公子《みんぶこうし》）に随行してパリ万博へと旅立ったのは、一八六七（慶應三）年一月で、帰国するのは一八六八（明治元）年十一月。二十八歳から二十九歳までの一年十カ月である。ナポレオン三世からパリ万博に招待された慶喜は、これからの日本を統治していくには西欧の先進的な学問、制度、技術などを学ぶ必要があると痛感しており、その役割をまだ十五歳と若い民部公子に担わせたいと考え、代理として派遣、その世話役兼会計係に渋沢を指名した。渋沢の肩書は「御勘定格陸軍附調役《ごかんじょうかくづきしらべやく》」だった。昭武は、のち清水徳川家の第六代当主および水戸藩の第十一代藩主となる。

数ある家臣のなかから渋沢を選んだ理由は、渋沢が会計に詳しいというだけでなく、教育係としても最適任と考えたからだった。そして、万博終了後も四、五年はパリに留学させる心づもりでいた。と同時に慶喜は、渋沢にも留学するようにと言い渡したのだ。そこまで遇されて恩義を感じない者はいないだろう。ところが、パリに行って一年も経たない十月十四日に慶喜が大政奉還し、民部公子ら一行をパリ万博へ送り出した幕府そのものが消滅、帰国を余儀なくされたのだ。

パリ万博期間中の渋沢は、金の支払いなどの雑務に追われたが、一行と各国を視察したりしながら、これからの日本が真似すべきことをメモした。そんな日々のなかで、金融を中心とする商工業のことを個人的にレクチャーしてくれたのが、ナポレオン三世の命を受けて万博の日本担当（名誉領事）となったパリの銀行員フロリヘラルドだった。西欧の近代的な通貨制度や金融システムを教えてもらった。その男の勧めで、予備資金として手元にあった二万両でフランスの公債と鉄道債券を買うという初めての体験をしたが、日本で慶喜が大政奉還して幕府が滅んだから帰国せよとの命令が届き、売却すると値上がりしており、思わぬ利益を手にしている。

渋沢が最初に設立したのが第一国立銀行で、次いで設立した最初の製造業が債券や紙幣のような高級洋紙をつくる王子製紙だったことは、そのことを抜きにしては考えられないのである。学んだことを実行に移す。そこに渋沢の真骨頂があった。

渋沢が生涯に六百近い慈善事業に関わったことも見落とせない。渋沢の母の影響とパリ万博で見た赤十字の影響と考えてよかろう。渋沢の母は家からそう遠くない温泉に行ったとき、ほかの村人が避けたハンセン病の女の背中を流してやるなど慈愛に満ちた人だった。

赤十字が初出展したのがパリ万博で、日本からは幕府以外に佐賀藩と薩摩藩が単独参加しており、佐賀藩の佐野常民《つねたみ》（のち大蔵卿、農商務大臣）は帰国後（一八七七〈明治十〉年）、「博愛社」（のち「日本赤十字社」に改称）を創設する。そのとき渋沢も協力しているのだ。佐野は、明治の元勲と呼ばれる大隈重信、江藤新平、副島種臣《そえじまたねおみ》、大木喬任《たかとう》らとともに「佐賀の七賢人」といわれているが、適塾の出身で福沢とも親しく、『福翁自伝』にも名前が出ている。

中村正直と渋沢栄一の出会い

福沢の『学問のすゝめ』と並ぶ明治の二大ベストセラーとなったのが、中村正直が翻訳した『西国立志編』であることは先述した。この本の原書がサミュエル・スマイルズの『Self-Help』（自助論）である。

『Self-Help』がイギリスで出版されたのは一八五九（安政六）年で、その年に二万部を売るベストセラーとなり、以後も版を重ねて一九〇五（明治三十八）年までに二十五万部に達し、一九一五（大正四）年刊の同訳書には「少なくとも三年ごとに重版を繰り返し、一九〇八（明治四十二）年までに累計五十六版に達した」とあり、世界十数カ国語に翻訳された。中村が『Self-Help』の原書（一八六七年増補版）を手に入れたのは、留学時代のロンドンである。

中村は、一八六六（慶應二）年に幕府が派遣した「十二人の遺英留学生」の監督官として渡英し、自らも英語を習っていたが、幕府が滅び、留学一年半で渋沢と同様、帰国を余儀なくされた。そのとき親しかったイギリス人が餞別として贈ってくれたのが『Self-Help』で、三百人を超える古今の偉人たちが幾多の困難を乗り越え、成功を掴んだ話が書いてあった。いわゆる「自己啓発書」である。

中村はそれを日本へ帰る船中で繰り返し読んで感動し、帰国後は「静岡学問所」の一等教授を務めるかたわら十カ月がかりで翻訳。『西国立志編（原名：自助論）』という書名で一八七一（明治四）年七月に世に出ると、〝日本初の自己啓発書〟として民衆、特に立志に燃える若者たちに熱狂的に支持され、あっという間に数十万部を売りつくし、中村正直の名も広く知られることになった。福沢の『西洋事情』初編（一八六六〈慶應二〉年六月）に後れること五年一カ月、『学問のすゝめ』初編（一八七二〈明治五〉年二月）より先行すること七カ月である。原書がイギリスで出版されてから十二年後の出来事だった。中村は『西国立志編』が出た翌一八七二（明治五）年にも、J・S・ミルの『自由論』を邦訳した『自由之理』を出版し、高い評価を得ている。

中村の天才ぶりを示す留学時代のエピソードを書き添えておこう。留学生だった林董《ただす》の話である。林の部屋の真下が監督官の中村の部屋で、毎朝五時になると中村が『唐宋八家文』『左伝』『史記』などを朗読する声が聞こえた。日本から携行した漢籍は少ないので一体どこで手に入れているのかと不審に思い、尋ねてみると、朗読していたのではなく暗唱していたのだと知って舌を巻いた。林は、佐倉藩の蘭方医で順天堂の創始者佐藤泰然《たいぜん》の五男で、のち明治政府の外交官となり、日英同盟締結を成功に導く立役者の一人になる。

中村と留学生らは、当初、イギリス政府の費用で喜望峰経由の貨物船で帰国することになっていた。ただし、横浜に着いても船賃を払わないと上陸できない劣悪な条件が付いていたのだが、同じ時期に渡欧していた渋沢の骨折りでフランスのマルセイユ港から客船で帰れることになった。渋沢が民部公子の滞在費用の一部を旅費にあてたのだ。幕府から派遣されているのだから、当然といえば当然だが、船会社と運賃交渉をし、運賃を半額にまけさせたのは渋沢の手腕である。

渋沢は、渡欧時の出来事を克明に記録しており、帰国後、『航西日記《こうせいにっき》』（明治四年刊）として本にするが、それとは別に『巴里御在館日記《ぱりございかんにっき》』『英国御巡行日誌』も残している。『英国御巡行日誌』によると、イギリスには十一月六日から十二月二十二日まで滞在し、当時「敬輔《けいすけ》」という名だった中村正直と会っていることがわかる。正直は諱《いみな》だ。

そうやって二人は親しくなるが、帰国後、さらに親密になる。江戸っ子だった中村は静岡学問所の漢学教授を拝命して静岡に移住し、渋沢も恭順謹慎していた徳川慶喜のいる静岡へ居を移したからだ。天保十一（一八四〇）年生まれの渋沢二十九歳、天保三（一八三二）年生まれの中村三十七歳。奇遇というしかない二人だった。

第三章　学びの報酬〈壮年期〉

三十三歳で執筆に目覚めた福沢

福沢が執筆に熱意を注ぐようになるのは三十代に入ってからだ。

福沢は、二度の渡航経験を買われて一八六四（元治元）年に三十一歳で幕府の外国奉行翻訳方となったことは前述したが、仕事の合間に書きためた原稿を『西洋事情』初編（三冊）として出版したのは二年後の一八六六（慶應二）年だ。同書はたちまちベストセラーになったが、夢中になって読んだのは慶應義塾で学ぶような若い書生たちばかりではなかった。三十三歳のある男も、一八六七（慶應三）年十月二十一日に長崎から京都へ向かう船のなかで『西洋事情』二冊を読んだと日記に記している。のちに三菱財閥を築く岩崎弥太郎である。

福沢が執筆に目覚めるのは『西洋事情』からで、以後、おびただしい数の本を刊行し、一八七二（明治五）年に三十九歳で書いた代表作『学問のすゝめ』につながる。

その間、「教授とはいいながら、実は教うるが如く学ぶが如く共に勉強」という福沢の教育方法が共感を呼んで私塾は活況を呈し、一八六八（慶應四）年四月に鉄砲洲から新銭座に移し、そのときの元号に因んで「慶應義塾」と命名した。三十五歳のときだ。

その後も入学志願者は引きも切らず、手狭になり、一八七一（明治四）年には広大な元大名屋敷を買い取って、自宅ごとそこへ転居した。それが今日の三田の慶應義塾である。思えば、一八五八（安政五）年に二十五歳で鉄砲洲にあった中津藩中《なか》屋敷内の長屋で小さな私塾を開いてから十三年の歳月が流れ、福沢はすっかり壮年期に入っていた。

パリ万博と幕府滅亡の報《しら》せ

渋沢が渡航先のフランスで青天の霹靂《へきれき》に襲われたのは、二十九歳のときだった。日本で幕府が滅亡し、新政権にとって代わられるという、とんでもない事態に直面し、急遽《きゅうきょ》、帰国したことは前章で述べたとおり。「パリ万博」の使節団一行に加わってフランスに滞在していた慶應四年、すなわち明治元年となる一八六八年の出来事だ。

パリ万博の開催期間は約七カ月、一八六七（慶應三）年四月一日から十一月三日までだった。四十二カ国が参加し、六百八十万人もの入場者があった。この万博は、初回の一八五一年の「ロンドン万博」から五回目にあたるが、フランスは開催に熱心で、一九〇〇年までの五十年間に十四回開かれた万博中、五回も行っている。

一行は一八六七（慶應三）年一月十一日に横浜港を出航して二月二十九日にマルセイユに着いた。パリには三月七日に到着、キャプシーヌ通りの「グランドホテル」に宿泊した。ナポレオン三世への謁見は、万博開催日の一週間前（三月二十四日）に行われた。

渋沢らが耳を疑う報道に接するのは、それから半年ほどが過ぎた頃だった。十月のある日のフランスの新聞に「京都で大君が政権を返上した」という記事が出たのだ。以後、様々な事柄が次々と報じられた。しかし、同行している外国奉行をはじめ、誰もが単なる虚報だろうと高をくくっていた。だが、年が改まり、三月になると事実だとわかる。「将軍家が昨年十月十四日に朝廷に政権を返上。薩長が手を組んで幕府と対決する様相になり、風雲急を告げている」との報《しら》せが日本から届いたのだ。

当時のことを渋沢は、『雨夜譚』で、こう語っている。

「正月の始めに鳥羽口で幕府の兵と薩長の兵と戦をはじめて幕府が敗走し、将軍家は大阪城を立ち退かれて海路より江戸へ御帰りになり、謹慎恭順の御趣意を幕府の諸士へ御示諭《しゆ》の上、水戸へ御退隠になったという一部始終の報知に接しました。誠に数千里を隔てた海外にあってかかる大変事を聞いたときの心配というものは、なかなか言語に絶した次第であった」

先述したように、昭武は当初の計画ではパリ万博が終了してもその後四、五年はフランス留学を続けることになっており、渋沢も付き従うはずだったが、もはやそんな悠長なことはいっておられない。かといって、勝手には動けない。そう思っていると、新政府の要職に就いた〝幕末の四賢侯〟伊達宗城《むねなり》（旧宇和島藩主）、東久世《ひがしくぜ》通禧《みちとみ》（三条実美らと長州へ下った尊攘派の「七卿落ち」の一人）から帰国を促す公文書が届いた。

　渋沢が日本を離れたのは、渋沢の主君徳川慶喜が第十五代将軍に就任した翌年の一八六七（慶應三）年正月十一日で、一八六八（明治元）年十一月三日には帰国するわけだが、その間に日本では何があったのか。福沢が再渡米を終えて一八六七（慶應三）年六月に日本に戻ってわずか四カ月後の十月十四日、徳川慶喜が朝廷に大政奉還をし、十二月九日には王政復古の大号令が発せられたが、幕府はおとなしく従わず、年が明けると鳥羽伏見で薩長同盟軍との間に戦端が開かれた。戊辰戦争の始まりだ。しかし、時代の流れに抗することは出来ず、慶喜は、鳥羽伏見の戦いに敗れると、海路、江戸へ逃れた。フランス公使ロッシュは武器弾薬を供給するから再挙せよと促したが、慶喜は断り、五月に上野の寛永寺に籠って謹慎、恭順の意を表したのである。

　この報せがフランスの慶喜の弟昭武のもとにも届くと、昭武は建白書を送って兄を一度ならず諫《いさ》めた。「頼もしくない思《おぼ》し召しである。たとえ江戸へ戻ったとしても速やかに兵を挙げるべきではないのか」と。しかし、薩長連合軍と幕府軍とでは、もはや勢いの差が歴然としていた。会津桑名両藩を盟主とする東北および北陸の三十一藩が抵抗し、榎本武揚《えのもとたけあき》は品川沖にいた八隻の軍艦を率いて箱館へと向かって五稜郭を本拠として徹底抗戦したが、結末は見えていた。一八六八年九月二十二日には会津藩が降伏、九月八日には元号が明治と改められ、天皇は京都から東京へ行幸した。会津が降伏するのはそれから二週間後だ。それでも北海道での戦闘は終結せず年を越すが、一八六九（明治二）年五月十八日、ついに榎本武揚が降伏し、一八六八（慶應四年）正月二日に鳥羽伏見で始まった戊辰戦争はたった一年四カ月強で終結、幕府は名実ともに滅んだのである。

箱館戦争では新選組の副長土方歳三《ひじかたとしぞう》も戦死しているが、渋沢はパリ万博へ発つ三カ月前に、ある事件で局長の近藤勇と会ったという話が『雨夜譚』に出ている。それによると、「陸軍奉行支配調役」の職にあった渋沢は、京都町奉行の依頼を受けて、陸軍奉行支配下のある人物を捕縛する任務を帯びた。そのとき同道したのが、近藤ほか数人の新選組隊員だった。近藤は甲府勝沼で官軍と戦い敗走、捕縛され、四月二十五日に中山道の板橋宿の近くの刑場で処刑され、さらし首にされた。享年三十五。

異国の地で自らの使命を悟る

さて、徳川慶喜からパリ万博の随行員の一人に指名され、一八六七（慶應三）年一月に海外へと旅立った渋沢だが、その役割は「会計兼庶務」、別の言い方をすれば〝便利屋〟のような雑用係だった。十四歳の徳川昭武の世話から必要物資の調達、滞在費の会計まで、嫌な顔をせずに何でもやったから、ほかの随行員たちから頼りにされた。慶喜は、そういうところを見込んで、自分の代理で行く昭武の御守役に渋沢を指名し、渋沢はその期待に応えたのだった。

渋沢は、貪欲に学んだ。そのとき渋沢が痛感したのは「日本の商工業が遅れている」ということだった。渋沢は、のちにこう語ることになる。

「文明の進歩は、政治、経済、軍事、商工業、学芸等がことごとく進んで初めて達成できる。それらのどれか一つが欠如しても、完全な発達、文明の進歩はなしえない。ところが日本では、文明の一大要素である商工業が、久しい間、閑却して顧みられなかった。翻って、欧州の諸列強を見るに、他の方面ももちろん進歩しているが、そのうちでも、とりわけ進んでいるのが実業である。すなわち商工業である」

ここまでは福沢の主張と共通しているが、渋沢には福沢が決別した『論語』がその根底にあった。

「文明国の商工業者は、互いに個人間の約束を尊重し、たとえ両者間に損益はあるとしても、一度約束した以上は、必ずこれを履行して前約に背反せぬということは、徳義心の鞏《きょう》固《こ》なる正義廉直の観念の発動に外ならぬのである。しかるに、わが日本に於ける商工業者は、なおいまだ旧来の慣習を全く脱することが出来ず、ややもすれば道徳的観念を無視して、一時の利に趨《はし》らんとする傾向があって困る。士人に武士道が必要であったごとく、商工業者もまたその道が無くては叶わぬことで、商工業者に道徳は要らぬなどとはとんでもない間違いであったのである」（『論語と算盤』）

その商工業を自分が何とかしよう、今後の近代的商工業と商人道に必要不可欠なのは武士道精神だと渋沢は考えた。

「日本人はあくまで大和魂の権化《ごんげ》たる武士道をもって立たねばならない。武士道の精神は、正義、廉直（清心で無私で正直なこと）、義侠《ぎきょう》（おとこだて）、敢為《かんい》（困難をものともせず、やり抜くこと）、礼譲《れいじょう》（礼儀正しく謙虚であること）等の美風を加味したもので、一言にして之《これ》を武士道と唱えるけれども、その内容となると複雑な道徳である。しかし、遺憾なのは、この日本の精華《せいか》たる武士道が、古来専《もっぱ》ら士人社会のみに行われて、殖産功利《しょくさんこうり》に身を委ねたる商業者間に、その気風の甚《はなは》だ乏しかった一事である」（『論語と算盤』）

渋沢は、「官僚として働くよりも、民間人として実業に生涯をささげるのが自分のこれからの使命ではないか」という思いを異国の地で強くし、それを実行したのだった。

蟄居した慶喜に生涯寄り添う決意

渋沢は、頭の切り替えが早く、変わり身も早かった。だが、自分が属していた幕府そのものが転覆した報せを受けたときは、さすがに驚き、前途を案じたが、すぐに「自分に都合の良い方向に運が向いてきた」と思い直したのだ。周囲にはドライに映ったが、決してそうではなかった。大恩人である慶喜への忠誠心は生涯不変だった。

その点、福沢はどうだったか。福沢も緒方洪庵や白石照山のような恩人に対しては尽くすが、そこに「忠誠心」は介在しない。そこが異なっている。渋沢は、激動する幕末情勢のなかで、主君慶喜が将軍に選出され、幕臣に昇格したときも冷静だった。

「直参となるのは栄達だが、単なる小役人ではたいしたことはできないし、幕府に要職を得ることなど不可能に近い。それ以前に幕府がもたない」

そう思っていたから、フランス行きは願ってもない学びの好機と考えたのである。

「一方には国家の乱を避け、一方には外国の形勢を知って、そのかたわら修学の道を得られるのだ。今後、外国の学問がますます必要になるだろう。十分な修行を積んで、いよいよ外国学が必要というときに帰朝したら、ずいぶん国家の役に立てるのではないか」

そう思っていたのに、志半ばで帰国せざるを得なくなったのだが、日本が西欧列強に伍して近代国家となるのに必要なことのあらましは習得していた。せっかく欧州を視察してきたのだから、それを新しい国家のために活かしたかった。ところが、静岡に隠棲している慶喜に会うとその決意はたちまち揺らぎ、生涯そば近く仕えようと思うのだった。渋沢は慶喜の膝元の静岡を活性化しようと考えたのである。

時代が渋沢を必要としていた

渋沢は、三十歳になった一八六九（明治二）年一月、徳川慶喜のお膝元となった静岡に銀行と商社をミックスした日本初の「商法会所」（金融商社）を設立し、ほどなく妻子を呼び寄せた。静岡に骨を埋めるつもりだったからだが、時代が渋沢を放っておかなかった。渋沢に目をつける者が中央政界にいた。大隈重信である。「商法会所」の起業から九カ月後の十月二十一日、新政府から上京を促す通達を受けた。官僚になれとの命令だった。

渋沢の配属先省庁は、資料によって「民部省」だったり「大蔵省」だったりするが、そうなるのは、同省がわずか二年間のうちに合併・分離・合併を繰り返し、最終的には「大蔵省」に吸収されるからだ。同省は一八六九（明治二）年四月に「民部官」としてスタートし、三カ月後に「民部省」となるが、以下のように変遷したことを知っておきたい。

一八六九（明治二）年四月「民部官」→同年七月「民部省」→同年八月「大蔵省」（大蔵省と合併）→一八七〇（明治三）年七月分離・独立→一八七一（明治四）年七月「大蔵省」（大蔵

省に合併吸収、民部省廃止。一部「工部省」へ)。

宮仕えを命じられた渋沢は、慶喜への忠義から当然のように蹴ろうとしたが、静岡藩を預かる大久保一翁《いちおう》に「新政府の意向に背いたら、かえって徳川家を不利な状況にしてしまうぞ」と説得され、しぶしぶ上京した。そのとき渋沢は、江戸後期の日本を代表する漢学者頼山陽《らいさんよう》が書いた「甲州の貞女おまさ」の話に自分を重ね合わせたという。夫に死なれたおまさは周囲から再婚を進められたが、「二夫《にふ》に見《まみ》えず」の気持ちが強く、かといって周囲の人の思いやりをないがしろにはできず、双方によかれと思って自決したのである。

渋沢が太政官へ顔を出すと、「民部省」の役職を命じられた。十二月七日から出仕したものの、誰がなぜ推挙したかなど細かいことがわからず不気味に思ったので、「こんなところはさっさと辞めて早く静岡へ帰ろう」と決心し、「ここの責任者は誰か」と尋ねると、参議で大蔵大輔と民部大輔を兼務している大隈重信の名を告げられた。渋沢は大隈と会い、「自分には静岡でやりかけの仕事がある。ここで未経験の仕事をしても迷惑をかけるだけだから、速やかに辞めさせてほしい」と迫った。すると大隈は、「辞職などと馬鹿なことをいうな」と一笑に付した。

「大蔵省の仕事は何も知らないと貴公はいうが、我輩を含めて経験のある者は誰もいやしないのだ。話を聞けば、我々と同じように新しい世の中をつくろうとして艱難辛苦してきたというではないか。どうだ、維新政府は我々の知恵と勉励と努力でこれから造り上げていくものだ。やるべき仕事は山積している。静岡の仕事を片付けなければならないというが、小を捨てて大なる方に力を尽くすのが日本人ではないのか。一緒に力を合わせて頑張ろうじゃないか」

後で渋沢が知ったのは、大隈が「演説の名手」で、説得術にも長け、相手に口を開く間を与えず、機関銃のように喋りまくるということだった。なんのことはない、うまく丸め込まれてしまったのだ。こうして渋沢は国に尽くすことになったが、したたかなところもあった。自分のアイデアを採用してもらえるならと条件を出すなどしたのである。

租税正《そぜいのかみ》。これが官僚としての渋沢の最初の肩書だった。三十歳のときのことである。

大隈の橋渡しで伊藤博文と会い、意気投合し、翌年には井上馨《かおる》とも知り合った。井上とはウマが合い、〝親分子分〟のような関係になり、以後一九一五（大正四）年に井上が死ぬまで四十年以上もの長い付き合いになった。後日渋沢が知ったところでは、大隈（大蔵大輔）の上にいた伊達宗城《むねのり》（大蔵省トップの大蔵卿）と大蔵官僚の郷純造《ごうじゅんぞう》が渋沢がやり手であることを人づてに聞き知っていたからだという。パリ万博での渋沢の働きぶりは、能吏を求めている政府の主要人物たちの耳にも達したのである。伊達宗城は、松平春嶽《しゅんがく》（福井藩主）、山内容堂《ようどう》（土佐藩主）、島津斉彬《なりあきら》（薩摩藩主）とともに〝幕末の四賢侯《しけんこう》〟と称された宇和島藩主だった人物。そして郷は、息子（四男昌作）がのちに岩崎弥太郎の養子になる。

二人が初めて言葉を交わした日

渋沢は、旧制を改革するための横断組織「改正掛《かいせいがかり》」を新しく置きたいと大隈に提案した。受け入れられ、掛長《かかりちょう》に就任した。入省して間もない一八六九（明治二）年十二月のことである。早急に改革しなければならないことはいっぱいあった。貨幣制度、租税改正、度量衡《どりょうこう》の改正、公債の方法、合本法の組織、駅逓《えきてい》制度……。渋沢は、どうすべきかを勢いに任せて「改革意見」にまとめ、大隈・伊藤両参議に提出した。大隈も伊藤も返した感想は一言。「長すぎる」だった。渋沢によると、意見書は数百枚にのぼったという。

誰かに講釈してもらい、それを要領よくまとめるしかない、と渋沢は思った。それまでやっていないものをこしらえるのだから、外国の制度や諸事情に詳しい者がいい。指南役として頭に浮かんだのが、『西洋事情』を書いた福沢諭吉だった。福沢は、その三年前に同書の「初編」を、一年前に「外編」を刊行しており、うってつけの人物と思われた。

渋沢は、そのときの出来事を鮮烈に記憶している。

「当時の碩学《せきがく》福沢諭吉先生に面謁《めんえつ》の必要を生じた。主として、度量衡改正について先生の意見を求めに参ったのであるが、先生は初対面の余に向かって御自作の『世界国尽《くにづくし》』や『西洋事情』を取り出し、種々に教示さるる所があった。余は、兎《と》に角《かく》、一風変った人だと云うことを初対面の時から感じたのである」

もっとも後になって渋沢は「今考えてみると、内科の医者に外科の軟膏をもらいにいったようなものだ」と苦笑することになるのだが、それが福沢と渋沢の最初の出会いだった。渋沢三十一歳、福沢三十七歳である。

渋沢は、どんどん出世した。入省して三年目（一八七一〈明治四〉年）の三十二歳の五月に大蔵権大丞《ごんたいじょう》になったと思ったら、八月には大蔵大丞《たいじょう》に昇進し、二月に開業した大阪造幣局へ二カ月半ほど出張した。そのとき、渋沢はくすぶり続けてきた胸中の不満を大隈、伊藤にぶつけた。

「政府が貨幣法を改め、租税率を改正し、会社法や合本組織を設けるなどして、殖産興業のお膳立てをどんなにしても、今の商人には日本の商工業を改良進歩させるだけの力がない。そこで、この際、私は官途を退き、民間人として陣頭に立って人々を引っ張っていきたいと思うのです」

渋沢には「新しい時代には新しい人物を要請して新しい事物を処理すべきだ」との強い思いがあったが、大隈や伊藤は「その志には賛成するが、今少し見合わせろ」だった。

その間、渋沢と福沢の再会の機会はなかった。渋沢が福沢と再会を果たすのは初対面から四年後の三十四歳のときで、大蔵省を退官して民間に身を投じてからである。

激動の季節「明治六年の政変」

人の運命は時代の流れに左右される。福沢諭吉、渋沢栄一の運命が激変したのは、一八七一（明治四）年から一八七三（明治六）年までの三年間である。年齢でいうと、福沢は三十八歳から四十歳、渋沢は三十二歳から三十四歳に該当する。その間、「岩倉使節団」の派遣があり、西郷隆盛が「征韓論」に破れて下野するなど政界は激動したが、福沢の書いた『学問のすゝめ』初編が大ヒットし、渋沢は半ば強制仕官させられた大蔵省を辞めて民間人となって「日本初の銀行創立」へ動くなど、二人にとっても激動の歳月となる。

岩倉使節団は、その名称から察しがつくように右大臣岩倉具視を全権大使（正使）とする欧米派遣団である。木戸孝允、大久保利通、伊藤博文、山口尚芳《ますか》の四人を副使とし、留学生なども含めると総勢百数十名に達する大人数だった。彼らの多くは、一八七一（明治四）年十一月十二日に出発し、一八七三（明治六）年九月十三日に帰国する。それにしてもなぜ、新しい国づくりがスタートして間もない大事な時期に、二年近くもの長きにわたって、新政府の主要閣僚である木戸、大久保、伊藤が日本を留守にしなければならなかったのか。

そのわけは、幕末に日本が欧米諸国と結んだ〝安政の不平等条約〟にあった。同条約の改定時期が迫っており、その改定交渉を相手国を歴訪して行おうとしたのだ。

どこが不平等だったかというと、二点あった。一つは、外国人に「領事裁判権」を与えたこと。表現を変えると、彼らが日本で犯罪を犯しても日本の法律では裁けないという「治外法権」を認めてしまった点。もう一つは、輸入品にかける関税率を日本が自由に決められる「関税自主権」がない点である。日本が「真の独立国」として欧米先進国と肩を並べるには、まずそれらを改正して対等条約にする必要があった。だが、最初の交渉相手国アメリカに一蹴され、イギリスにも門前払いを食わされるなどしたため、フランス、ベルギーなどとは条件交渉を行うことなく、一行は空しく帰国した。留守を預かっていたのは西郷隆盛、板垣退助、江藤新平らの面々で、西郷は留守政府の首班である。

「片務的最恵国待遇」を約した条項が改正交渉の壁となっていた。その後、アメリカは一八七八（明治十一）年に関税自主権の回復に応じたが、イギリスとドイツの反対で無効になるなど、条約を締結した相手国すべてが応諾しないと実現しなかったのである。その苦労たるや大変なもので、渋沢が「一を聞いて十を知る」と評する陸奥宗光がイギリスに関税自主権の改正を承知させ、他国がそれに続いたのは一八九四（明治二十七）年だった。もっと大変だったのは治外法権の撤廃交渉で、小村寿太郎《こむらじゅたろう》（外務大臣）が回復に漕ぎつけるのは一九一一（明治四十四）年。岩倉使節団が帰国した一八七三（明治六）年から数えて三十八年後にやっと「名実ともに独立国」となったのだ。

　福沢や渋沢も、こうした時代の流れのなかで生きていたということを忘れてはならない。福沢が三十九歳のときに書いた世紀の大ベストセラー『学問のすゝめ』初編は、木戸、大久保、伊藤らが日本にいない一八七二（明治五）年二月に刊行された。同書のなかで福沢は「自由独立のことは、人の一身にあるのみならず、一国の上にもあることなり」と述べ、「独立自尊」の重要性をくりかえし強調したが、そのことは一般大衆を啓蒙するためだけでなく、大事な時期に二年も日本を離れながら不平等条約を撤廃できずにのほほんと帰国した木戸、大久保、伊藤ら政府要人への面当てと取れなくもなかった。

国民の胸に響いた福沢の「独立自尊」

『学問のすゝめ』は息の長い売れ方をし、福沢は手ごたえを強く感じ、一八七七（明治十）年十二月発売の日本初の経済学の本『民間経済録』の序に次のように書いたほどだ。

「拙著『学問の勧め』（傍点筆者）十七編、明治五年二月より本年十月までその発売の数、合して五十九万八百四十六部。そのうち初編の流行は最も広くして十八万二千八百九十四部の多きにおる」

　四年間で約六十万部と福沢は軽くいっているが、当時の日本の人口は約三千五百万人なので途方もない数字なのである。現代に換算すると二百万部超えのベストセラーだ。

渋沢は、福沢が書物について語った「裨益《ひえき》」という効能に共鳴したといっている。裨益とは「役に立つ、利益になる」という意味である。渋沢は、こういっているのだ。

「どんなに心を込め、興味をそそるように書いた書物でも、たくさんの人が読み、何かを学びたいと思うような書物でなければ、世の中を裨益せぬものである。そんなに力を注がない書物であっても、たくさんの世間の人が読むものは、それだけ効能も多い」

渋沢の学びが異彩を放つのは、福沢が説いた「机上の学問ではなく、実業に活かせる学問をせよ」という教えに「わが意を得たり」と共鳴し、自分が民間のリーダーとなって西欧の先進的実業をお手本にして日本を発展させようと考えた点だ。

「商工業を世の中に広めるには、利益なくしては不可能。商工業に従事する者が相当な利益を得て初めてその企業は発達する。その方法を考えないといけない。一人だけが富んでも国は強くならない。だが、商工業者の地位が低すぎる。それを改善するには、全体が富む方法を考えるしかない。それには合本主義（株式会社方式）が一番だ。大蔵省時代に『立《たち》会略則《あいりゃくそく》』（株式会社制度の概説書）『会社弁』（会社設立の手引書）などという書物を三十二歳のときに作ったのも、そういう考えに基づいている」

福沢は、『学問のすゝめ』初編が大好評だったことから続編の「二編」と「三編」を翌年（一八七三〈明治六〉年）刊行する。政界を二分する大事件が起きたのは、その原稿を執筆中の十月二十三日だった。征韓論争に破れた西郷隆盛が辞表を提出、下野したのである。岩倉使節団が九月十三日に帰国して以来、西郷ら留守政府との間がギクシャクしていたが、政府はついに分裂、板垣退助らも下野する事態へと発展した。「明治六年の政変」である。

西郷ら留守政府組と海外派遣組は、使節団の出発前に「留守中に勝手なことはしない」という取り決め「十二箇条の約定」（正式名「大臣参議及各省卿大輔約定書」）を交わしていた。こんな内容だ。「重要案件は月に二回相互に報告し合う。新規の改正は行わない。行う場合は相談する。官僚の増員はしない。廃藩置県の処置は速やかに実効を上げる」などである。

ところが留守政府は、「鬼の居ぬ間に」とばかりに、岩倉らが出発した翌年一八七二（明治五）年には「富岡製糸場開設」（十月）、「学制発布」（八月）、「新橋・横浜間に鉄道開通」（九月）、「太陽暦採用」（十一月）、一八七三（明治六）年には徴兵令布告（一月）、キリスト教禁教の高《たか》札《ふだ》撤廃（二月）、地租改正条例公布（七月）など、大きな改革を次々とやってのけた。

〝福沢、危機一髪！〟の「赤穂不義士論」

一八七四（明治七）年を迎え、福沢は四十一歳になる。いわゆる「前厄《まえやく》」だが、そういうことを信じない福沢の『学問のすゝめ』は絶好調。四編、五編を一月に刊行したのに続いて、六編を二月、七編を三月に刊行したところ、好事魔多し、ごうごうたる非難の声が湧き上がり、「おまえは、〝日本人の魂〟である忠義を否定するのか！」などと糾弾されるのである。福沢は、命をも狙われかねない〝人生最大の危機的局面〟に立たされたのだ。

物議をかもしたのは、六編の「赤穂不義士論」と七編の「楠公権助論《なんこうごんすけ》」で、以下にその全文を現代語訳にして示すが、それまで〝国民的英雄〟として圧倒的に支持されてきた「楠公こと楠木正成《くすのきまさしげ》」や「赤穂四十七士」の「忠義」を、福沢が一刀のもとに切り捨てたからだ。特に批判や非難が集中したのは「楠公権助論」である。知仁勇の三徳を備えた「聖人楠木正成の死」も、主人から託された金をなくした「一介の権助（下男の総称）の死」も、「死という意味においては同じだ」と論じた点が、保守的な人々の神経を逆撫でしたのだ。

まずは「赤穂不義士論」から——。

「徳川の時代に、浅野家の家臣が主人の仇討といって吉良上野介《きらこうずけのすけ》を殺害したことがある。世にこれを赤穂義士といった。だがそういう言い方は、大間違いではないか。当時の日本政府は徳川幕府である。浅野内匠頭《たくみのかみ》も吉良上野介も浅野家の家臣も、みな日本国民として政府の法に従い、その保護を受けると誓っていた。しかし、ふとした経緯《いきさつ》から上野介なる者が内匠頭に無礼を働いたが、内匠頭は政府に訴えることを知らず、怒りに乗じて私的に吉良上野介を斬り殺そうとしてついに双方の喧嘩に発展したので、徳川政府の裁判で内匠頭に切腹を申し付け、上野介へは刑を加えなかったから、この一条は不正裁判というしかない。

　浅野家の家臣たちが、この裁判は正しくないと思ったのなら、なぜ政府に訴えなかったのか。四十七士の面々が申し合わせて、各人がそれぞれその筋により法に従って政府に訴え出たなら、もとより暴政府だから、最初はその訴訟を取り上げず、かえってその者を捕えて殺すという可能性もありえたが、たとえ一人が殺されても、それを恐れることなく、また代わって訴え出る。そういうことを繰り返すことで四十七人の家臣が、道理を訴えては命を失うようにすれば、どんな悪政府でも最後は必ずその道理に負けて、上野介へも刑を科し、裁判を正しく行う必要があったろう。

　そのようにして初めて真の義士と呼べるのに、当時はその道理を知らず、その身は国民の地位にありながら、国法の重さを顧みることなく、みだりに上野介を殺したのは、国民の職分を誤り、政府の権力を犯して私的に人の罪を裁決したというべきである。幸いにもそのとき、徳川の政府がこの乱暴者を刑に処したので、無事に一件落着したが、もしもその暴挙を免《ゆる》すことがあれば、吉良家の一族がまた仇討といって赤穂の家臣を殺すことは必定だ。そうなったら、今度はその家来の一族が、また仇討と称して吉良の一族を攻めるだろう。仇討、仇討といって、果てることがなくなり、ついには双方の一族朋友が死に絶えないと終わらないのである。いわゆる無政府無法の世の中とは、このことをいうのだ」

これだけの論なら、「そういう見方もあるのか」で済んだかもしれないが、問題は次の「楠公権助論」である。楠木正成の名は文中のどこにも出てこないが、見出しにはあることから、傍線（筆者）の人物が楠木正成と思われても仕方がなかった。

福沢を窮地に陥れた「楠公権助論」

では、全体の文章をチェックしてみよう。

「世を憂えて自分の体を苦しめたり命を落としたりすることを、英語では『マルチルドム』（martyrdom）という。失う命はたった一人にすぎないが、その行為がもたらす効果は、千万人を殺し、千万両を費消する内乱よりはるかに大きい。古来、日本では討ち死にする者、切腹する者が後を絶たなかった。そうやって死んだ者は忠臣義士とされ、評判になるが、彼らが身を棄てた理由を調べてみると、多くの場合、二つの勢力による南北朝の皇統争いに加わった者（原文『両主政権を争ふの師《いくさ》に関係する者』）か、主君の仇討で華々しく命を散らした者が多い。ちょっと見には美しい死に方のようにも見えるが、実際の社会に役に立つことは何一つない。わが主君のため、わが主君に申し訳が立たないなどといった口実で一命を棄てたら事が済むと考えるのは、文明が未発達な時代の常ではあるが、今日の文明の大義という基準で論じると、そうした連中は命の棄てどころを知らない者といえる。

元来、文明とは、人の知徳（知識と道徳）を高め、人々が自主独立の精神で社会と交わり、他人を傷つけることも他人に傷つけられることもなく、各人が自分の権利を行使して社会全般の安全をはかり、世の中が繁栄することをいうのである。

だが、戦争にせよ仇討にせよ、文明の精神に適っているのかどうか。この戦いに勝ち、この敵を滅ぼし、この仇討に成功して主君の面目をほどこすなら、この世は間違いなく文明が進歩し、商業も盛んになり工業も興って、世の中の安全と繁栄が実現するという勝算があるのなら、討死も仇討も至極もっともだということになろうが、そのような勝算などあろうはずもない。かの忠臣義士にしても、それほどの勝算はなかったはずだ。ただ、結果として主君に申し訳が立ったというにすぎない。

主君に申し訳ないからという理由で命を捨てた者を忠臣義士というのなら、そういう人は今の世の中にゴロゴロいる。たとえば、使用人の権助のように、主人の使いで外出したところ、一両の金を落として途方に暮れ、旦那に申し訳ないと覚悟を決めて、並木の枝にふんどしを掛けて首を縊《くく》るといった例は、珍しいことではないのだ。今、この忠義な使用人が自死を決意したときの心中を察するなら、憐れに感じるのではないか。

しかし彼は、使いに出たきり、もう二度と戻ることはない。死んで主人に詫びるからだ。

その死は、英雄として長く涙を流させるくらいの価値はあろう。主人の委託を受けて自ら任じた一両の金を失い、忠臣としての本分を果すのに一死をもってすることは、古今の忠臣義士に少しも引けをとらない行為である。その誠忠（至誠と忠義）は日月のように光り輝き、その功名は天地とともに永遠のものとなるはずなのに、世間の人はみな薄情で、この権助を軽蔑し、碑銘を刻んでその功績を顕彰する者もいないし、霊廟を建てて祭る者もいないのはどうしてか。

人はいうだろう。『権助の死はたった一両の金のためであり、ささいな事件にすぎない』と。だが、事の軽重は金額の大小や人数の多少で論ずべきではない。世の中の文明に利益をもたらすか否かでその軽重を判断すべきである。そういう前提に立って考えると、かの忠臣義士が一万の敵を殺して討死にするのも、この権助が一両の金をなくして首を縊るのも、その死が文明に利益をもたらすことはないという点ではまったく変わりがなく、どちらの罪が軽くて、どちらの罪が重いと断言することなどできないのだから、義士も権助も命の捨てどころを知らない者といって差しつかえなかろう。したがって、彼らのそうした行為を『マルチルドム』と呼ぶことはできないのである。

私の知る限り、人民の権利を主張し、正しい道理を掲げて政府に詰め寄り、命を捨てることで人生の掉尾《とうび》を飾った世界に恥じない者は、古来、佐倉惣五郎《さくらそうごろう》（下総国《しもうさのくに》〈千葉県〉佐倉領の名主で、村民に代わって藩の暴政を将軍に直訴したが、処刑され、〝義民〟と評された）ただ一人である。ただし、惣五郎の伝記は世に伝わっている物語（講談・歌舞伎の『佐倉義民伝』など）の類だけであり、詳しい正史はよくわかっていないのである。もしわかったなら、後日、それを記録し、功績を讃え、世の中の鑑《かがみ》にしたい」

読者諸兄は、どのような感想をもたれたであろうか。福沢は、筆が走りすぎたことを悔いたが、後の祭り。半年たっても非難の声は止まず、命の危険すら感じたので、一八七四（明治七）年十一月、「郵便報知新聞」に「慶應義塾五九楼仙万《ごくろうせんばん》」という偽名で「学問のすゝめの評」と題する長文の苦しい弁明を投稿、それを機に福沢批判は止むのである。

渋沢も反発を感じた

福沢の筆禍事件を渋沢はどう見ていたのか。渋沢は福沢の主張に驚き、かつ激しい反発を覚え、後年、「唯一つ、先生と余との間に氷解せられぬものがあった。恐らく学問の素地が異なるところからきているのではないかと思うが、忠孝に対する観念がいささか先生と余は相違して、この点には推服できなんだ」と述懐する。

「即ち、先生の説によると、楠公の死と権助の首縊《くく》りとは、その死に方の無意義な点が似ているといると申されたわけだが、どこまでも同意しかねる御説である。余は、世間の物事に対して改進的意見を吐くけれども、元来儒教で叩き上げられた頭であるから、『忠孝は人たる木』という思想には少しの疑いもさしはさまない主義である。しかるに、不幸にして福沢先生の御説は過激で、あそこまで言及されては余の深く遺憾とするところである」

渋沢は論語精神を身上とする「至誠の人」「忠義の人」である。一介の農民に過ぎなかった自分を武士に取り立て、フランス留学までさせてくれた大恩人徳川慶喜のためなら一命を投げ出すことにためらいはないと思っていたのだから、忠義を否定されては自分自身の存在価値を否定されたも同然だったのだ。

渋沢は、慶應義塾で学んだ者に「独立自尊を誤解しないようにせよ」と釘を刺した。

「東洋流に謙譲すべきは謙譲してこそ、一身もよく修まり、一家もよく治まり、一国もまた平和なるを得るのである。率直に申せば、この独りよがりの風が慶應義塾出身者の独立自尊をはき違えた人のなかにいないとは限らぬ。そういう人がいて、無謀な行動をあえてするに於ては、かえって福沢先生の名声を恥ずかしむるものであるゆえ、余は先生の高名のため、三田の名誉のため、そのようなことがなくなることを切望する次第である」

政府、征韓・征台に走る

日本の近代史を語るうえで、「明治六年の政変」は欠かせない重要な事件だ。岩倉使節団の海外派遣にともなって、留守政府を預かっていた西郷隆盛、板垣退助らが下野した事件だが、その火種となったのが「征韓論」なので、もう少し詳しく説明しておきたい。

最初に「征韓論」を唱えたのは西郷ではなく、木戸孝允だった。一八六九（明治二）年のことで、「内政重視」の観点から立ち消えになっていた。それから四年を経て、一八七三（明治六）年六月頃、再び征韓論が留守政府内で議論されるようになった。なぜ征韓論が持ち上がったかというと、江戸時代には朝鮮との間に国交があったのに、政権が変わったら親書を送っても応じなくなったからだ。

征韓論は、字面からの連想で「西郷が武力で朝鮮を征服しようと主張した」かのように思いがちだが、そうではない。西郷の説は「自分が全権大使として丸腰で話し合いに行き、朝鮮の鎖国を解く」とする「遣韓論《けんかん》」「遣韓大使論」であって、軍隊の帯同を否定し、「もしも先方が自分を殺すようなことがあれば、そのときは軍隊を派遣すればいい」と主張したのであり、西郷派遣は八月にすでに閣議で決定し、天皇への上奏も終えていたのだ。

だが、太政大臣の三条実美《さねとみ》は「征韓論」のような重大テーマを留守政府だけで決めたのは問題が多いと憂慮し、海外の大久保利通と木戸孝允に手紙を書き、「予定を早めて帰国せよ」と促した。大久保は五月二十六日に帰国するが、木戸は旅行中に大久保と不仲となって別行動をとり、九月の帰国になる。

大久保らは、八月十七日にすでに政府部内で合意していた「西郷遣韓全権大使」に異議を唱え、十月十四、十五の両日にかけて開かれた閣議で賛否を問うと、同数だった。三条は心痛から寝込んでしまい、太政大臣代理になった岩倉が暗躍し、天皇に謁見して西郷の遣韓を阻んだので、西郷が怒って下野したのである。

政敵を一掃した大久保は、内務省を創設、内務卿となって権力を一手に握るが、その政府が韓国や台湾に取った政策は、皮肉にも武力による「征韓」「征台」そのものだった。

西郷らが下野した翌年（一八七四〈明治七〉年）、台湾に漂着した琉球民が殺される事件が発生、政府は軍隊を派遣して台湾を制圧（征台の役）した。さらにその翌年（一八七五〈明治八〉年）には朝鮮の沿岸で測量中の日本の軍艦を朝鮮軍が陸上から砲撃するという「江華島《こうかとう》事件」が起きたために、艦隊六隻を派遣して武力で威嚇し、修好条約（日朝修好条規）を結ばせた。艦隊派遣はペリーの先例をまねたものだった。

渋沢、大蔵省を辞める

渋沢は、征韓論争には直接関わってはいなかったが、留守政府内の別の会議には書記のような役割を負って議事進行を記録するなどしていたから、どういう論争があったかはよく知っていた。渋沢は、前述したように、人を的確に短評する能力に秀でており、「三条太政大臣は情において清かった人とすれば、岩倉右大臣は智において清かった人」と鋭く対比している。この両人にさらなる評を付け加えると、「三条はどこまでも温順だが優柔不断、岩倉は覇気があり奎角《けいかく》（性格・言動にかどがあること）が多く膽気《たんき》（胆力）に富む」（伊藤痴遊『実録維新十傑』第二巻）ということになる。

西郷や板垣らが征韓論で下野した年（一八七三〈明治六〉年）に、渋沢は三十四歳で大蔵省を辞めた。大久保利通が帰国するわずか三日前のことで、予算編成をめぐって江藤新平（司法卿）や大隈重信らと激しく対立し、嫌気がさしたからだった。当時の大蔵省は、大蔵卿（長官）の大久保がトップだったが、不在中はナンバーツーの大蔵大輔《たいふ》（次官）井上馨とその下の大蔵大丞《だいじょう》渋沢がすべてを仕切っており、井上と示し合わせて辞めたのである。

渋沢は官吏を辞職したものの、いうべきことはいっていた。「今年の歳出は五千万円で、歳入は四千万円。一千万円の不足だ。政府の負債は一億四千万円に達するのに、その償却方法のメドは立っていない」と井上と連署した建白書を政府にすでに提出し、しかもその内容を「東京曙《あけぼの》新聞」にリークした。罰金は取られたものの、大いに溜飲を下げた。

一八七三（明治六）年、渋沢は、大蔵官僚時代に自身が創設した「第一国立銀行」の総監役に就任し、実業家としての第一歩を踏み出したのである。「国立」という字は入ってはいるが、国が資本を出したわけではなく、同行はのち「第一勧業銀行」を経て「みずほ銀行」

となる民間銀行である。三十四歳だった。

渋沢が官僚時代に知り合った長州人は、「最初が伊藤で、井上はその次、そのあと山縣《やまがた》有朋《ありとも》（第三代・第九代内閣総理大臣）や桂太郎（第十一代・第十三代・第十五代内閣総理大臣）」と『世外《せがい》井上公伝』（第一巻）の「序」に渋沢は記しているが、終生にわたって渋沢の〝親分〟だったのは井上である。「序」には井上の人物評もさりげなく加えてあり、「非凡の頭脳、機を見るに敏、用意周到」の三点が長所で、「あまりに世話を焼きすぎる感がある。きかん気と義侠心が災いして、時に大敵をつくることもあった」のが短所としている。

俗世を離れた境遇を意味する「世外」を号とした井上馨は、伊藤博文とイギリス留学をし、帰国後には坂本龍馬が仲介した「薩長同盟」（一八六六〈慶應二年〉一月成立）を結ぶために木戸らと奔走した志士としても名を馳せた一人で、伊藤博文が「日本初の総理大臣」になった第一次伊藤内閣（一八八五〈明治十八〉年十二月～一八八八〈明治二十一〉年四月）で外務大臣を務めたのを皮切りに、農商務、内務、大蔵各大臣を歴任した大物だが、総理大臣にはなれなかった。唯一、なる機会があったのは一九〇一（明治三十四）年。第四次伊藤内閣の後を受けて組閣に入ったものの、キーマンとなる大蔵大臣として入閣を要請した渋沢が拒んだため、組閣を断念した経緯がある。その時点で渋沢はすでに日本を動かす大人物になっていたことがわかる。

渋沢の「維新の三傑評」

渋沢が大蔵官僚だったのは、三十歳から三十四歳まで、一八六九年（明治二）十一月から一八七三（明治六）年五月までの三年半だ。長いと見るか短いと見るかは人によって異なるだろうが、重要なのは、期間の長短に関係なく「どれだけ多くのことを学び、どれだけ人として大きくなれたか」である。渋沢はというと、時代を変えた何人もの偉人と接する機会に恵まれ、人間形成に多大な影響を受けた。そうした偉人たちのなかには「維新の三傑」もいた。

渋沢は、八十六歳（一九二五〈大正十四〉年）のときに著した『論語講義』の「子曰く、君子は器《き》ならず」（為政　第二）の箇所で、「器」を「維新の三傑」を引いて説明している。

「器《き》は器物《きぶつ》だ。器物には、それぞれの使い道がある。一芸一能の人に喩えている。孔子は『君子は器物のようなものではなく、器物を使う人だ』といわれた。つまり、『徳を治める者は君子、技芸を修める者は小人』という意味である。物茂卿《ぶつもけい》（荻生徂徠《おぎゅうそらい》）曰く『器なる人は、必ず器を用いずして、自ら用いるに至る』（一芸一能に秀でた人は、他分野の一芸一能に秀でた人を使う能力に欠け、自分だけの世界でしか活躍できない）と。至言というべし。かの三傑が『人を用いて、自ら用いざる』（他人をうまく動かし、自身はしゃしゃり出ない）方々であったことは、私がこの目で認めたところである」

少し説明を補足しておこう。「器《き》なる人」とは「一芸一能に秀でたスペシャリストであって、他人を上手に使えるゼネラリストたりえない人」という意味だ。「器」を「うつわ」と読んでしまって「度量」と解釈すると意味を誤る。「き」と読み、茶碗、箪笥《たんす》などの物を容れる器物《きぶつ》である。

渋沢の人物評は、読む者を楽しくさせる。最初は大久保利通である。

「私の嫌いな人で、私もとても嫌われたが、日常を見るにつけ、『器ならず』とは侯のような人をいうのだろうと感嘆せざるを得なかったものだ。胸の底に何を秘めているのか、私には到底測り知ることが出来ず、まったく底知れない人だった。だから、接すると何となく気味悪いような思いにとらわれかねなかった。その点が何となく嫌な人だと感じさせる原因だったと思う」

続いて、西郷隆盛。

「なかなか達識《たっしき》な偉い方で、『器ならざる』人に相違ない。同じ『器ならざる』でも、大久保侯とはよほど異なったところがあった。一言でいうと、すこぶる親切な、同情心の深い、一見してなつかしいと思えるお人だった。平生は、いたって寡黙で、めったに談話などされない方だった。外聞だけからでは、果たして偉い人なのか、はたまた鈍い人なのか、ちっともわからなかった。賢愚を超越したまさに将たる君子の趣があった」

最後に木戸孝允についてだ。

「大久保侯とも違い、西郷公とも異なったところのあった人で、大久保・西郷両公よりも文学の趣味が深く、かつ、すべて考えたり行ったりすることが組織的だった。しかし、『器ならざる』点においては、大久保・西郷の二傑と異なるところがなく、凡庸の材でないことを示すに足る趣のあったお人である」

渋沢の「独立宣言」と第一歩

渋沢が『論語』のことを強く意識したのは、官を辞して実業家に飛び込むときだという。親友の玉乃世履《たまのせいり》（のちの大審院長）に「大蔵省を辞めて実業家になる」と告げると、「将来的にも有能なのに惜しい。商人になっても君に金儲けは無理だ」と慰留された。

そのとき渋沢は、高らかに〝独立宣言〟をするのだ。

「日本の商人が今日のように軽蔑を受けるのは封建の弊害といえるが、商人のやり方がまずいからでもある。自分は及ばずながらそのような弊風を矯正するために一身を捧げたいのだ。宋の趙普《ちょうふ》は、論語の半部《はんぶ》を以て天子を輔《たす》け、半部を以て身を修めたといったが、自分の場合は、論語の半部を以て実業界を救いたい覚悟でいるのだ。どうか、この先、ながい目で見てくれないか」
趙普は、北宋の創始者趙匡胤《ちょうきょういん》（太祖《たいそ》）および二代皇帝趙光義《こうぎ》（太宗《たいそう》）を補佐した宰相で、「半部《はんぶの》論語治天下」（一冊の半分、つまり半冊《はんさつ》の論語でもって天下を治める）といったという。その故事を引いて渋沢は、『論語』を「実業界を生き抜くためのバイブル」にすると誓ったのだ。渋沢のなかで『論語』と「算盤」が合体した瞬間である。一八七三（明治六）年、渋沢三十四歳の晩春（五月二十三日）の出来事だった。

「右手に算盤、左手に論語」を携えた渋沢の実業界での第一歩は、日本初の民間銀行の創設だった。先述したみずほ銀行のルーツ「第一国立銀行」である。改めて説明しよう。同行は、渋沢が大蔵省時代に企画し、前年十一月に発布された「国立銀行条例」に基づいて六月十一日に創設された。しかし、当時の日本人にとって銀行は意味不明な存在だった。だからこそ渋沢は、その二年前の大蔵省時代に『立会略則』を著して「これからは民間の合本《ごうほん》組織（株式会社）が中心になる時代が来る」と啓蒙してきたのだ。

同書の前書きには「かつて泰西《たいせい》（西洋諸国）に官遊の時に目撃したことを漫然と記録したものから抄出《しょうしゅつ》した」とあり、パリ万博での学びがヒントになったことがわかる。

資本金は当初三百万円を予定したが、初めてやることなので計画通りにはいかなかった。二百万円は、政府の「為替方《かた》」（明治初期の国庫出納機関）だった三井組と小野組が折半出資し、残る百万円は新聞広告を打って一般公募したが、申込者は四千八百株（四十人弱）で四十四万八百円しか集まらず、結局、二百四十四万八百円でスタートした。一八七三（明治六）年七月二十日に兜町（今のみずほ銀行兜町支店があるところ）で開業した。三井組と小野組が折半出資した関係で、頭取、副頭取を二人ずつ置くという〝バランス人事〟となったが、喧嘩しないように、頭取の上に「総監役」を置いて睨みをきかせるようにし、渋沢が就任したのである。そうやって船出したものの、創業の翌年に小野組が倒産。百三十万円が焦げ付き、渋沢は東奔西走《とうほんせいそう》して何とか三、四万円の損失で済ませた。

このように、実業家としてのスタートは波乱含みだった渋沢が、のちには「日本の資本主義の父」と呼ばれるのは、なぜか。大まかな言い方をすると、日本企業の勃興に超人的貢献をしたからだ。銀行、製紙、紡績、鉄道、陸海運、保険、日本の近代化を推進するのに欠かせないインフラを構築する企業など四百八十一社もの企業の創業に関わったのである。

日本史上、後にも先にもこのような人物は渋沢しかいない。渋沢が生涯に関与した企業のうち代表的企業だけをピックアップし、年代別に分けると、以下のようになる。社名は「大阪紡績会社」などと書くのが正しいが、ここでは「会社」を省略する。

〈三十代〉第一国立銀行、抄紙会社（王子製紙）など
〈四十代〉東京海上保険、大阪紡績、東京馬車鉄道、横浜正金《しょうきん》銀行、日本鉄道、日本郵船、東京瓦斯、東京人造肥料、京都織物、日本煉瓦製造、帝国ホテル、札幌麦酒、三重紡績、火災保険会（明治火災保険の前身）、東京電灯、日本土木、東京製綱、東京石川島造船所、北海道炭鉱鉄道など
〈五十代〉東京貯蓄銀行、北越鉄道、日本精糖、澁澤倉庫部など
〈六十代〉日本興業銀行、東京電力、京阪神鉄道、南満州鉄道、帝国劇場など

五百社に関与した〝日本の産業革命の旗手〟

渋沢栄一は、まぎれもなく日本史上に燦然《さんぜん》と輝く〝実業家のなかの実業家〟として位置づけられるが、それ以前に〝日本の産業革命の旗手〟だった。数多くある渋沢の伝記などでは渋沢が関わった企業名を約五百社としているが、正確な数は四百八十一社である。

具体的な社名については、東京商工会議所が「あ行」から「ら・わ行」までの全リストを掲出している。それによると、「渋沢が関わった当時の企業等」は、既述のように四百八十一社で、「渋沢が関わった現在の企業等」は百八十六社となっている。あまりにも数が多すぎて、ここに全部を掲載することはできないので、関心のある方は自分でチェック

願いたい。

渋沢が学び、手本にしたのは、パリ万博で訪れたフランス、英国、ドイツなどの先進諸国を近代国家へと大躍進させた「産業革命」だった。渋沢は、十八世紀後半のイギリスに始まり、欧州各国へと伝わった産業革命を日本にも起こそうとした。

最初に目をつけたのが紡績業と鉄道網。蒸気機関を利用して生産力を飛躍的に向上させた紡績業では、少年時代から農業のかたわら「藍玉《あいだま》」の商いをした経験がものをいった。まず一八八三（明治十六）年に日本初の紡績工場を大阪に建てたのを手始めに、全国各地に紡績会社を設立した。

それらの工場で生産した製品を商うのに不可欠だったのが、鉄道という流通網の充実だった。「鉄道の普及は地方産業の開発上、最も必要なもの」と認識していた渋沢は、一八八八（明治二十一）年に山陽鉄道、大阪鉄道、九州鉄道、甲武鉄道を設立し、以降、日本全国を網羅する鉄道を敷設するための鉄道会社を次々と設けた。欧州各国を網の目のように網羅した鉄道で旅し、鉄道こそが国を飛躍させる基盤となることを確信していたのだ。福沢との共通項でもある「学んだことを実地に活かしてこそ学問」という渋沢の人生哲学が、爆音を立てて日本の近代化を推進したのである。

鉄道に関する渋沢の「先見性」は、ほかにもあった。「鉄道は私設会社で経営すべき」

とする考え方である。だが当時は、政府の強硬な鉄道国有化方針に押し切られた。渋沢の主張が正しかったことが証明されるのは、それから約百年後。一九八七（昭和六十二）年に国鉄が民営化されてＪＲと呼ばれるようになったのである。

「五箇条の御誓文」に影響を与えた『西洋事情』

「そこの障子を開けてみよ、外は広いぞ」

といったのはトヨタグループの創業家の祖豊田佐吉である。上海に渡航する一九一八（大正七）年にいった言葉とされている。そのとき佐吉は五十二歳だった。福沢が『学問のすゝめ』初編を書いたのは佐吉が六歳のときだから、その時点で読むことは無理だが、広い視野をもった大人《たいじん》になる人なのだから、おそらく福沢の著書を何冊も読んだことだろう。

福沢諭吉の名を不動のものにした歴史的名著『学問のすゝめ』初編は、三十九歳のときに書かれた。一八七二（明治五）年二月刊行だ。同書には福沢の主義主張が全編に充ち溢れている。「啓蒙思想家」といわれているが、執筆活動を始めた当初からそのような自己主張を展開したわけではない。啓蒙の第一段階として福沢がやったのは、書物を通じて、外国のことを何も知らない民衆に日本を取り巻く世界の正確な知識を教えることだった。

福沢は、二度目の海外体験となった渡欧から帰国すると、大量に買い求めてきた洋書をじっくりと読み、たっぷりと時間をかけて想を練った。そして執筆し、四年後に満を持して発表したのが、初編（三冊／巻之一～三）、外編（三冊／巻之一～三）、二編（四冊／巻之一～四）の計十冊から成る『西洋事情』である。『学問のすゝめ』に先行すること六年だが、福沢は書名のつけ方も巧みで、一見して誰にも内容がわかるようにしている。

『西洋事情』には、欧米諸国の歴史・政治・経済・社会の先進的な姿が簡潔明瞭に紹介されていて、外国の地理や歴史のことがまったくわからなかった当時の日本人の好奇心や知識欲を刺激せずにはおかなかった。たとえば「学校」（巻之一　二十八）という項目には、次のようなことが書かれていた。

「西洋各国の都府は、固《もと》より村落に至るまでも学校あらざるところなし。学校は政府より建て教師に給料を与へて人をおしへしむるものなり。或《あるい》は平人《へいじん》（普通の人）にて社中《しゃちゅう》（組織）を結び学校を建て教授するものあり。人生《うま》れて六、七歳、男女皆学校に入る。或は校に止宿《ししゅく》する者あり。或は家に眠食して毎日校に行く者あり。初《はじめ》て入る学校を小学校と云ふ。先づ文字を学び、漸《ようや》くして自国の歴史、地理、算術、天文、窮理学の初歩、詩、画《え》、音楽、等を学ぶ。斯《かく》の如くすること七、八年、諸学漸く熟し、又大学校に入る。此《この》学校にても学科、以前と異ならずと雖も稍《や》や高上《こうじょう》の教《おしえ》を受く」（本文は旧字・カタカナだが、現代風に改めた）

新政府は一八七二（明治五）年八月に「学制」（日本初の近代教育制度に関する法令）を定め

るが、『西洋事情』の初編を参考にしたことは説明するまでもない。同書が世に出たのは一八六六（慶應二）年初冬だったが、一八六八（明治元）年三月十四日に発表された「五箇条の御誓文」の二つの条項に影響を与えたといわれている。具体的にいうと、第一条の「広く会議を興《おこ》し万機公論《ばんきこうろん》に決すべし」や第五条の一部である「知識を世界に求め」がそうだ。「五箇条の御誓文」の作成に直接関与したのは由利公正《ゆりきみまさ》（起草）、福岡孝悌《たかちか》（修正）、木戸孝允（訂正）だが、この三人以外にも西郷隆盛や徳川慶喜といった著名人も『西洋事情』を読んで、新しい知識を吸収したことがわかっている。

渋沢が唯一同意できない箇所

渋沢が『西洋事情』をいつ読んだのかという点にも興味をそそられるが、実は不明なのだ。よって、推理を交えて考察してみたい。渋沢は〝慶喜命《いのち》〟の人なので、慶喜が興味深く読んだ書物に見向きもしないわけがないと考えるのが自然だ。しかも、『西洋事情』の初編が刊行されたのは、渋沢がパリ万博へ向けて横浜を出航する一年前（一八六六〈慶應二〉年）だから、これから訪問する西欧の予備知識を得るための格好の必読書として目を通したのではないか。だが、渋沢の自叙伝などにはパリへ行く前に読んだとは書かれていない。『西洋事情』の二編（初編から数えて「巻之五」）には「仏蘭西《ふらんす》」のことがたっぷり書かれているが、これは一八七〇（明治三）年刊行で、残念ながら帰国して二年後になる。しかし、「巻之一」には「博物館」に続いて「博覧会」のことも解説してあり、「千八百六十二年龍動《ろんどん》に博覧《はくらん》場《じょう》を設け、毎日場《じょう》に入るもの四、五万人に下《くだ》らず」「来卯年《うどし》には仏蘭西の巴里《ぱり》に之《これ》を設くと云ふ」との興味深い最新情報の補記まであるので、読めば参考になっただろう。

渋沢発言のなかに『西洋事情』が登場するのは、パリ万博から戻って役人になってからだ。「渋沢と福沢が初めて言葉を交わした日」（99ページ）のところに既述したように、度量衡についで教えてもらおうとして福沢邸を訪ねたときで、一八七〇（明治三）年前後と思われるが、何月だったかということまではわからない。そのとき福沢が『世界国尽』と『西洋事情』を見せたことはすでに述べた。結局、渋沢がいつ『西洋事情』を読んだのかは謎なのである。

福沢は、『西洋事情』に続いて西洋案内や西洋式軍備関連書も出版した。『西洋旅案内』『西洋衣食住』（以上、慶應三年）『兵士懐中便覧』（明治元年）『雷銃操法《らいじゅうそうほう》　巻之一～三』（慶應二～明治二年）『英国議事院談』『世界国尽』『洋兵明鑑』（以上、明治二年）がそれだ。

福沢は、単なる知識の受け売りではなく、西洋事物の知識を吸収しながら考える力を養わせる手法をとった。

「塾に少年を集めて原書を読ませるばかりが目的ではない。いかようにして、この鎖国日本を開いて西洋流の文明に導き、富国強兵をもって世界中に後《おく》れをとらぬようにした」

一八七一（明治四）年三月刊行の『啓蒙手習文《けいもうてならいのぶん》』の序には、「五、六歳の児童が文字を習うときの習字の手本となるように、いろは四十七文字、国尽《づ》くしを始めとし、そのかたわら西洋事情を意訳して通俗の文章を作った」とあり、福沢の関心が単なる西洋知識の紹介からすでに教育へと向かっていることがわかる。くりかえすが、福沢が重視したのは「実用の学」「実践の学」を意味する「実学」である。そのことは、翌年発表した『学問のすゝめ』の文中に明記された。「実学」の具体例として「いろは四十七文字の手習い、手紙の常用句の学習、帳簿のつけ方、そろばんの練習、秤《はかり》を使った計量法などをまずマスターすることだ」と書くのである。

「わかりやすく書け」と教えた緒方洪庵

福沢の『学問のすゝめ』が空前の大ベストセラーになったのは、大衆の心を掴んだからにほかならない。その秘訣は、「難しい言葉を使わず、わかりやすいことはわかりやすく、難しいこともわかりやすく」書いた「文体の工夫」にあった。それ以前の書物は、格調の高さを狙った漢文調の文体を使い、「難しいことは難しく、わかりやすいことも難しく」書いていた。江戸時代からそうすることが当然とされてきたから、人々は驚いた。

わかりやすく書くことを福沢に教えたのは、恩師の緒方洪庵だった。〝緒方流の翻訳術〟

は、異色も異色だった。福沢がそのことに気づいた最初は、門弟の坪井信良《しんりょう》が翻訳した文章を緒方が校閲する場面を目撃したときだった。坪井は、福井藩主松平春嶽《しゅんがく》の侍医を経て幕府の奥医師になる優秀な蘭方医である。その坪井の訳文に、緒方は原書を一切見ることなく朱《しゅ》を入れていったのだ。驚きを隠せずにいる福沢に、緒方はこう諭した。

「翻訳は、原書を読めない人のために行う仕事だ。このことを忘れてはいけない。難しい言葉が並んでいたら一読してもわからず、再読してもなお意味が理解できない箇所も出てくる。原書の言葉にこだわりすぎて無理に漢字を当てはめようとするから、そうなる。ひどい場合は、訳書と原書を対照しないと意味が理解できなくなってしまう」

この話は『福沢全集緒言』に載っているが、福沢は「わかりやすく書け」という教えを中津にいた十七、八歳の頃、兄と友人の文章談義からすでに学んでいた。そのとき福沢は、こんな会話を小耳にはさんだのだ。

「和文の仮名づかいは蓮如上人《れんにょしょうにん》が書いた『御文様《おふみさま》』に限る。あれは名文だ」

気にかかり、さっそく合本《がっぽん》を買い求めて読んでみると、確かにその通りで、「仮名交じりの平易な文章で、読みやすく、しかも面白い」と思った。福沢はたちまち『御文様』にはまってしまい、暗唱するくらい何度も何度も読んだという。このような文章である。

「或人《あるひと》いわく、当流のこころは、門徒をば、かならずわが弟子と、こゝろえおくべく候《そうろう》やらん。如来聖人《にょらいしょうにん》の御弟子《おでし》とまうすべく候やらん。その分別を存知《ぞんち》せず候」

確かに室町時代の文章とは思えないほどわかりやすい書き方がされており、たとえばジャンルは違うが『増鏡』とは大違いだ。

「そのかみのことはいみじうたど〳〵しけれど、誠に事のつゞきを聞えざらむも、おぼつかなかるべければ、たえ〴〵に少しなむ」

福沢は、蓮如の『御文様』に感心した時点ですでに「文章はわかりやすく書く」という下地ができていたのだが、それでも緒方から見るとまだまだ難解な表現をしており、福沢がオランダの兵学者ペルの『築城書』を翻訳しているときにも、こう訓戒したという。

「今、君が翻訳している『築城書』は兵書だ。兵書は武士に必要な書物で、彼らのために邦訳している。しかし、武士の多くは無学で難しい言葉は禁物ということを考えないといけない。君は漢学の先生ではないが、士族のなかでは語彙力のある学者といえる。難しい言葉をいっぱい知っているだろう。だからといって難解な文字や表現を使って邦訳したら、読者が迷惑するだけだ。辞書の類を机上に置いてはいけない。そばにあるとつい利用し、難しい字や難解な文章にしてしまうからだ。くれぐれも難しい字、言葉、表現は使わないように心がけることだ」

福沢は、恩師のこの教えを深く心に銘記し、以来、忘れたことはないといっている。『西洋旅案内』（一八六七〈慶應三〉年）や『訓蒙窮理図解《くんもうきゅうり》』（一八六八〈明治元〉年）を書いたときには、「妻子や下女らに障子越しに必ず一度は読み聞かせ、わからないといった個所をチェックしてみると、難しい漢語が交じっていることが多かった」ので直すという念の入れようだった。

以下に両書の一部を引用するが、声に出して読んでみると合点がいく。

「シンガポウルは英吉利《いぎりす》領の島なり。赤道より北の方二度の所にありて、時候甚《はなは》だあつし。四季の差別なく、いつも夏の通りにて、日本の寒中にても、この地には胡瓜《きゅうり》、茄子《なすび》、西瓜《すいか》の類、沢山《たくさん》あり。又此辺《このあたり》の島々には丁子《ちょうじ》、胡椒、生姜、椰子、芭蕉、パイナプルなどいへる果物あり」（『西洋旅案内』巻之上）

「地の底にも火ありて常に暖《あたたか》なり。湯治場《とうじば》に温泉も沸出《わきいで》、富士、浅間より煙を噴出《ふきいだ》すも其《その》証拠なり。又寒国にて冬の間は麦畑など雪の下に埋《うづま》り、数月を経て、苗の枯《かれ》ざるは地下の温気《うんき》に養はるればなり」（『訓蒙窮理図解』巻之一）

福沢には「教えることとは学ぶこと、学ぶこととは教えること」という考えがあるので、一八七三（明治六）年に著した『文字之教《おしえ》』という本に「難しい字はなるべく使わないように。漢字は二千字か三千字も知っていれば十分」と書いている。

福沢は、そうした地道な努力を積み重ねながら「難しいことをわかりやすくいわなければ、大衆を啓蒙はできない」という確信を得、それ以前にはなかった新たな挑戦をするのである。文語と口語をミックスした大胆で斬新な「雅俗体《がぞくたい》」と呼ぶ画期的な文体を考案し、意図的に俗っぽい書き方をしたのだが、漢文を排斥したわけではなく、活かすところでは活かす配慮もしている。先述のように、福沢は念には念を入れ、妻や手伝いの娘たちにも読み聞かせて意見を求め、わかりづらいところなどは書き改めるなどもした。まさに大胆にして細心だ。その狙いがズバリ的中し、読者の心を鷲づかみにしたのが『学問のすゝめ』だったのである。

文体には「ですます調」「である調」「だ調」があることはよく知られ、二葉亭四迷は「だ調」、山田美妙は「です調」、尾崎紅葉は「である調」と中学校で学ぶが、そのような「言文一致体運動」が日本で起きたのは明治二十（一八八七）年以降で、福沢の「雅俗体」がその先駆けとなったことはあまり知られていない。

天は人の上に人を造らず

『学問のすゝめ』の巻頭を飾る有名な言葉『天は人の上に人を造らず、人の下に人を造らず』は、のちにアメリカの第三代大統領になるトマス・ジェファーソンが起草した「独立宣言」（一七七六年）の影響を受けたとされているが、確かに「独立宣言」にはそれらしい文言がある。「独立宣言」は、アメリカンセンターＪＡＰＡＮの「国務省出版物」には、英文・和文で次ペー

When in the Course of human events, it becomes necessary for one people to dissolve the political bands which have connected them with another, and to assume among the powers of the earth, the separate and equal station to which the Laws of Nature and of Nature's God entitle them, a decent respect to the opinions of mankind requires that they should declare the causes which impel them to the separation.

人類の歴史において、ある国民が、他の国民とを結び付けてきた政治的なきずなを断ち切り、世界の諸国家の間で、自然の法と自然神の法によって与えられる独立平等の地位を占めることが必要となったとき、全世界の人々の意見を真摯に尊重するならば、その国の人々は自分たちが分離せざるを得なくなった理由について公に明言すべきであろう。

We hold these truths to be self-evident, that all men are created equal, that they are endowed by their Creator with certain unalienable Rights, that among these are Life, Liberty and the pursuit of Happiness.

われわれは、以下の事実を自明のことと信じる。すなわち、すべての人間は生まれながらにして平等であり、その創造主によって、生命、自由、および幸福の追求を含む不可侵の権利を与えられているということ。こうした権利を確保するために、人々の間に政府が樹立され、政府は統治される者の合意に基づいて正当な権力を得る。

※傍線は筆者

ジのように書かれている。

福沢らが咸臨丸で太平洋の荒波を乗り越えてたどりついたアメリカという異国には、福沢が憎み続けた「下士の子は下士、家老の子は家老」という「門閥封建主義」に対する答えがあった。それが「すべての人間は生まれながらにして平等」という文言だったのだ。

イギリスの植民地だったアメリカは、一七七五（安永四）年に独立戦争を始め、その翌年に「独立宣言」をし、一七八三（天明三）年に勝利した。そのとき支援したのはフランスだったが、一七八九（寛政元）年に勃発した革命の際に「人権宣言」（十七条）を発する。「人は、自由、かつ、権利において平等なものとして生まれ、生存する。社会的差別は、共同の利益に基づくものでなければ、設けられない」（第一条「自由・権利の平等」）

福沢が渡米したのは一八六〇（万延元）年と一八六七（慶應三）年の二度だから、自分が生まれるはるか前にアメリカでは「独立宣言」が、フランスでは「人権宣言」が発せられていたと知って強い衝撃を受けると同時に、「いずれ日本もそうなるはずだ」と確信したに違いない。福沢は、のちの自身の代名詞ともなる「独立自尊」の源泉を、まさにそこに見いだしたのではなかろうか。

『学問のすゝめ』の冒頭

多くの日本人が共感した『学問のすゝめ』初編に福沢は、何を書いたのか。原文を知りたい読者もいると思うので拙訳と原文を併記したい。原文は改行なしだが、読みやすくするために改行した。

【原文】

「天は人の上に人を造らず人の下に人を造らず」といへり。されば天より人を生ずるには、万人は万人みな同じ位にして、生まれながら貴賤《きせん》上下の差別なく、万物の霊たる身と心との働きをもって天地の間にあるよろずの物を資《と》り、もって衣食住の用を達し、自由自在、互いに人の妨げをなさずしておのおの安楽にこの世を渡らしめ給うの趣意なり。

されども今、広くこの人間世界を

【現代語訳】

「天は人の上に人を造らず、人の下に人を造らず」と（西洋では）いっている。どういう意味かというと、「神なる天がこの世に人を創造するときに、すべての人をみな平等に造った。だから、生まれつき誰が貴くて誰が賤しいということはないし、誰の身分が上で誰が下というような差別もない。人は、万物の霊長として心身に備わった機能を活用して、天と地の間に存在する資源という名の大自然の恵みを衣食住に利用しながら自由自在に生活するのであるが、お互いに他人の迷惑になるようなことは差し控え、誰もが安らかで楽しく暮らせるようにとの天のおぼし

見渡すに、かしこき人あり、おろかなる人あり、貧しきもあり、富めるもあり、貴人もあり、下人もありて、その有様雲と泥《どろ》との相違あるに似たるはなんぞや。その次第はなはだ明らかなり。『実語教《じつごきょう》』に、「人学ばざれば智なし、智なき者は愚人なり」とあり。されば賢人と愚人との別は学ぶと学ばざるとによりてできるものなり。また世の中にむずかしき仕事もあり、やすき仕事もあり。そのむずかしき仕事をする者を身分重き人と名づけ、やすき仕事をする者を身分軽き人という。すべて心を用い、心配する仕事はむずかしくして、手足を用うる力役《りきえき》はやすし。ゆえに医者、学者、政府の役人、または大

召しだ」ということである。

だが今、この広大な人間世界を見渡してみると、賢い人もいれば愚かな人もいるし、貧しい者もいれば豊かな者もおり、身分が高い人もいれば低い人もいて、実際には雲泥の差があるように見えるのはどういうことなのか。その理由はとてもはっきりしている。『実語教』という書物に、こう書いてある。「人は学ばざれば智なし。智なき者は愚者なり」（学ばなければ知恵はつかない。知恵のない者は愚か者だ）と。賢人と愚人の違いは、まさに「学ぶか、学ばないか」で決まるのだ。

世の中には、難しい仕事もあれば、簡単な仕事もある。難しい仕事をする人を責任が重いとか地位が高いといい、簡単な仕事をする人を責任が軽いとか地位が低いといっている。概して、知恵を絞らなければならない頭脳労働は難しいし、手足を使うだけですむ肉体

なる商売をする町人、あまたの奉公人を召し使う大百姓などは、身分重くして貴き者と言うべし。

身分重くして貴ければおのずからその家も富んで、下々《しもじも》の者より見れば及ぶべからざるようなれども、その本《もと》を尋ぬればただその人に学問の力あるとなきとによりてその相違もできたるのみにて、天より定めたる約束にあらず。諺《ことわざ》にいわく、「天は富貴を人に与えずして、これをその人の働きに与うるものなり」と。されば前にも言えるとおり、人は生まれながらにして貴賤・貧富の別なし。ただ学問を勤めて物事をよく知る者は貴人となり富人となり、無学なる者は貧人となり下人《げにん》となるなり。

労働はたやすいといえる。したがって、医者、学者、政府の役人、あるいは大企業の経営者、多数の従業員を使っている豪農などは、社会的な地位が高く、人々の尊敬を集める偉い人といえるだろう。

社会的地位が上がって立派な人だといわれるようになると自然と家も豊かになるので、下位の者から見るととても手が届かない存在のように思えるが、そうなった根本原因を探ってみると、「学問の力」が備わっているかいないかで差がついたにすぎず、神なる天があらかじめ決めた約束事ではないことに気づくはずだ。「天は富貴《ふうき》を人に与えるのではなく、その人の働きに与える」という諺がある。前述したとおり、人に生まれながらの貴賤・貧富の差はない。だから、学問に励んで物事をよく知る者が偉い人になり、富み栄える人になり、無学な者は貧乏な人になり、下位の人になってしまうのだ。

学問とは何ぞや

前文に続いて語られるのが「学問とは何か」をテーマにした次の一文で、そこには福沢の主義主張がはっきりと述べてある。

【原文】

学問とは、ただむずかしき字を知り、解《げ》し難き古文を読み、和歌を楽しみ、詩を作るなど、世上に実のなき文学を言うにあらず。これらの文学もおのずから人の心を悦《よろこ》ばしめずいぶん調法なるものなれども、古来、世間の儒者・和学者などの申すよう、さまであがめ貴《とうと》むべきものにあらず。古来、漢学者に世帯持ちの上手なる者も少なく、和歌をよくして商売に

【現代語訳】

学問とは何か。それは、難しい漢字を覚えることとか、意味がわかりづらい古文を読んだりすることではないし、和歌を詠んだり詩を作ったりするような非実用的な文学をいうのではない。それらの文学も人の心を慰めてくれるなど、ある面ではずいぶん重宝なものではあるが、儒者や学者らが昔からいっているほど、ありがたいものではない。古来、家計のやりくり上手な漢学者というのはあまり聞いたことがないし、和歌が上手で算盤勘定も巧みという商人もまれだ。そのため、心ある商工業者（町人）や農

巧者なる町人もまれなり。これがため心ある町人・百姓は、その子の学問に出精するを見て、やがて身代を持ち崩すならんとて親心に心配する者あり。無理ならぬことなり。畢竟《ひっきょう》その学問の実に遠くして日用の間に合わぬ証拠なり。

されば今、かかる実なき学問はまず次にし、もっぱら勤むべきは人間普通日用に近き実学なり。譬《たと》えば、いろは四十七文字を習い、手紙の文言《もんごん》、帳合《ちょうあ》いの仕方、算盤《そろばん》の稽古、天秤《てんびん》の取扱い等を心得、なおまた進んで学ぶべき箇条ははなはだ多し。地理学とは日本国中はもちろん世界万国の風土《ふうど》道案内《みちあんない》なり。究理学とは

業従事者（農民）のなかには、わが子が学問に精を出すのを見て、つい親心から、いつか身代を食いつぶすのではないかと心配する者もいる。もっともなことだ。学問の道というのは、つまるところ、実に遠くて果てしなく、日々の暮らしの実用には適さないからである。

そういうわけで、実益に直結しない学問は二の次にして、今まずやるべきことは、身近な日常生活に役立つ実用の学問、つまり「実学」である。具体例を挙げると、いろは四十七文字の手習い、手紙の常用句の学習、帳簿のつけ方、そろばんの練習、秤《はかり》を使った計量法などをまずマスターすることだが、そこからさらに先へ進んで学ばねばならない科目は山ほどある。たとえば、地理学は、日本国内はもとより世界各国の風土を知るための学問である。物理学（究理学《きゅうりがく》）は、天地万物の性質を見究め、それらの働

天地万物の性質を見て、その働きを知る学問なり。歴史とは年代記のくわしきものにて万国古今の有様を詮索する書物なり。経済学とは一身一家の世帯より天下の世帯を説きたるものなり。修身学とは身の行ないを修め、人に交わり、この世を渡るべき天然の道理を述べたるものなり。

これらの学問をするに、いずれも西洋の翻訳書を取り調べ、たいていのことは日本の仮名にて用を便じ、あるいは年少にして文才ある者へは横文字をも読ませ、一科一学も実事を押え、その事につきその物に従い、近く物事の道理を求めて今日の用を達すべきなり。

きを研究する学問である。歴史学は、歴史年表の内容を詳しく解説したもので、世界各国の古今の出来事を詳細に調べる学問だ。経済学は、個人の家計から国家の財政までを説明する学問だ。倫理学(修身学)は、言行を修め、人と交わり、この世を渡っていくのに必要不可欠な天理(天然自然の道理)を説く学問である。

そうした学問をするときには例外なく洋学の翻訳書を調べる必要があるが、たいていのことは平易な日本語に訳された本で用が足りるだろう。若くても語学の才能に恵まれた者には、横文字の原書に直接当たることを勧めたい。どんな教科にも共通していえることは、何が事実であるかをまず把握し、その結果にしたがって身近なところに物事の道理を求め、日常生活に役立たせるようにするとよい。

以上のことは、誰もが学ばなければならない実学

右は人間普通の実学にて、人たる者は貴賤上下の区別なく、みなことごとくたしなむべき心得なれば、この心得ありて後に、士農工商おのおのその分を尽くし、銘々の家業を営み、身も独立し、家も独立し、天下国家も独立すべきなり。

であり、身分とか地位の高い低いに関係なく、誰もがわきまえなければならない心得である。そしてその心得を身につけたら、各人が関わっている分野で果たすべき役割を全うし、めいめいの家業を営んで一身の独立を果たすこと。それが一家の独立につながり、ひいては国家の独立へと発展するのだ。

福沢と西郷の絆

西郷は福沢を尊敬し、福沢もまた西郷を尊敬していた。考え方に共通する部分、共鳴し合うところがあったからだ。その例を挙げよう。

「福沢著述の書有難《ありがた》く御礼申し上げ候。篤《とく》と拝読仕《つかまつ》り候処《ところ》、実に目を覚まし申し候。先年より諸賢の海防策過分《かぶん》に御座候え共《ども》、福沢の右に出《い》で候ものこれある間敷《まじく》と存じ奉り候」

これは鹿児島に引っ込んでいた西郷が東京にいる大山弥助《やすけ》に送った手紙の一部である。

西郷は、福沢が書いた本を送ってもらった礼を述べ、「海防策がかまびすしいが、福沢の右に出るものはない」と激賞したのである。弥助は、のちの陸軍大将大山巌《いわお》で、西郷の従弟だ。手紙の日付は明治七（一八七四）年十二月十一日。西郷が征韓論争で下野したのが前年十月なので、一年以上が経過している。だが、その年の二月には不平士族の反乱の先陣となる「佐賀の乱」が勃発し、「西南戦争」（一八七七〈明治十〉年二月）まであと二年二カ月という時期だ。

気になるのは書名が記されていないことだ。文面にある海防策から『兵論』が頭をかすめたが、福沢が同書を刊行するのは一八八二（明治十五）年十一月で、西郷はすでにこの世にいない。では、西郷が明治七年に読んで激賞した福沢の著作とは何なのか。調べてみると、どうやら『学問のすゝめ』らしかった。佐賀の乱が始まる一カ月前に発売された同書の五編で、そこにはこんな一節があったのである。現代語訳すると、こうなる。

「たまたま外国の事情を知る機会に恵まれた者であっても、もっと突っ込んで詳しく知ろうとはせず、ただ恐れるだけ。相手に恐怖心をいだいてしまうと、多少なりとも自分に得るものがあっても、それを相手に教え広めるところまではいかない。要するに、国民が独立の気概を持たない限り、文明の外観もやがては無用の長物と化してしまうのだ」

これは日本について書かれているのだが、西郷は、前文の「自分」を「朝鮮」に、「相手」を「日本」に置き換え、鎖国をして日本に胸襟《きょうきん》を開かない朝鮮へ遣韓大使として丸腰で出かけていって平和裏に話し合い、修好条約を結ぼうとした自分の姿を重ねたのではなかったか。いささか牽強付会《けんきょうふかい》（こじつけ）の観なきにしもあらずだが、ほかに見当たらないのだ。

一方、福沢は、西南戦争で賊徒呼ばわりされた西郷を擁護する論文「丁丑公論《ていちゅうこうろん》」を書く。

「自分は西郷とは一面識もないし、庇護したいのでもないが」といいながら、四十四歳の福沢は、田原坂《たばるざか》で自決し五十一歳で逝った西郷への熱い思いを文章に込めるのである。

「余輩《よはい》はにわかにこれを信じること能《あた》わず、西郷は少年の時より幾多の艱難《かんなん》を嘗《な》めたる者なり。学識が乏しいといえども老練の術あり、武人なりといえども風彩《ふうさい》あり、訥朴《とつぼく》なりといえども粗野ならず。平生の言行温和なるのみならず、いかなる大事変に際するもその挙動綽々然《しゃくしゃくぜん》として余裕あるは、人のあまねく知るところならずや」

福沢全集が編まれるのは、それから二十年後の一八九七（明治三十）年。十二月に刊行される第一巻に代表的な著作の「緒言」を入れることになり、福沢は『文明論之概略』の四百字程度の短い解説文を書いた。そのとき福沢は六十四歳、亡くなる四年前のことだ。その解説文に次のようなエピソードが記された。

「有名な故西郷卿なども通読したること、見え少年子弟に此《この》著書は読むが宜《よろ》しと語りしことありと云ふ」

少年子弟のなかには、京都市長を務め、市電を走らせた西郷の息子菊次郎も含まれ、後年、父が何巻かある福沢の本を褒めていたと語るが、その本は『西洋事情』らしい。

「慶應義塾入社帳」という資料がある。そこに西郷隆盛の名がある。鹿児島から慶應義塾に入った学生二人の保証人として署名したのだ。これも、福沢と西郷の信頼関係を示す一例である。日付は明治六年四月十八日。征韓論で西郷が下野するのは、その半年先だ。

西南戦争と渋沢の悲しみ

渋沢が三十八歳のときに「西南戦争」が勃発し、西郷隆盛が自刃した。一八七七（明治十）年である。それ以前から不平士族が各地にあふれ、江藤新平の「佐賀の乱」（一八七四〈明治七〉年二月）、熊本の「神風連の乱」（一八七六〈明治九〉年十月）、福岡の「秋月の乱」（同）、前原一誠の「萩の乱」（同）と反乱が続き、その最後が、西郷がつくった私学校の生徒らが暴発して陸軍省の火薬庫を襲撃した事件に端を発した「西南戦争」だった。

渋沢は、尊敬していた西郷の死を悼《いた》んだ。

「西郷翁は、他人への仁愛が過ぎて、過失に陥る傾向があらせられた御仁だった。一身を同志の仲間に犠牲として与えられた結果、明治十年の乱（西南戦争）となった」

渋沢が、初めて西郷と会ったのは、一八六五（元治二／慶應元）年に京都の一橋家に奉職してからだ。「奥口《おくぐち》の詰番《つめばん》」から始まった武士としての務めが評価されて、渋沢は「御用《ごよう》談役《だんやく》」の下役《したやく》になって外部との折衝役に昇進し、徳川慶喜を訪ねてきた西郷と話をしたのが最初だった。顔見知りになってからは渋沢の方で訪ねて行ったりすることもあり、誘われて時々鹿児島名物の豚鍋をごちそうになったという。

西郷は、体裁を取り繕ったりしない〝自然体の人〟だった。自分の知らないことは平気で誰にでも聞いた。あるときなど、二宮尊徳が相馬藩に招聘《しょうへい》されたときに案出した「興国《こうこく》安民法《あんみんほう》」がよくわからないから教えてほしいと、わざわざ渋沢の家まで訪ねてきた。

西郷は、徳川慶喜を評して、「あれほどの人物は諸侯中にいないが、惜しむらくは決断力を欠いておられる。おぬしから上の者に話をして、慶喜公の決断力がつくようにするとよい。そうすれば、幕府を倒さなくても、慶喜公を頭として大藩の諸侯を集めて統率すれば、幕府を今のままにしておいても政治は行える」と渋沢に語ったという。

木戸孝允は、西郷が政府に反旗を翻したときには病床にあり、「(西郷)もうよさないか」と夢うつつの状態で叫んだが、やがて息を引き取った。大久保利通は、翌年(一八七八〈明治十一〉年)五月、馬車で出勤途上に紀尾井坂《きおいざか》で暗殺された。かくて「維新の三傑」は、自決、病死、暗殺によって誰もいなくなった。享年は、西郷五十一、大久保四十九、木戸四十五。

志半ばで〝無念の死〟を遂げた彼らにとって代わったのが、彼らの後輩世代の大隈重信、井上馨、伊藤博文である。年の順に並べると、井上は一八三六(天保六)年十一月生まれで四十四歳。大隈は井上より三つ下で、一八三八（天保九）年二月生まれの四十一歳。伊藤は一八四一（天保十二）年九月生まれで三十八歳、井上の六つ下、大隈の三つ下である。そして福沢は四十五歳、渋沢は三十九歳だった。

福沢諭吉は、西郷を死なせた政府に激しい憤りを感じ、数日間書斎にこもって先の「丁丑公論」と題する〝西郷擁護論〟を書いた。十月に脱稿し、発表しようとしたが、周囲の者から止められて断念し、行李《こうり》にしまい込んだ。その原稿が日の目を見るのは、二十年後（一八九七〈明治三十〉年）、福沢が六十四歳のときだ。『福沢全集』を出すことになり、関係者が行李のなかにあった〝幻の原稿〟を発見し、世間に広く知られるようになったのである。

福沢は、視野を広げて政治経済にも持論を展開しており、西南戦争の余燼《よじん》冷めやらぬ十一月に地方自治に言及した『分権論』で「政権は全国に及ぼして一様なれども、治権は決して然らず」と主張した。

続いて十二月には初心者向けの経済学『民間経済録』初編を刊行し、「物価が異なるのは、なぜかというと、それを好む人が多いか少ないかによって、物価の高い安いがあるのだ」とか「経済に大切なものは知恵と倹約とこの二条である」といったわかりやすい説明をしながら、日本の経済に目を向けさせようとした。

『民間経済録』初編で福沢は、目次の後に「学校の生徒または家の子どもに毎日読ませて意味を理解させせ、翌日とか月末とかに、本を渡さないで暗誦させるとよい」といった意味のことを記し、このテキストの学び方も教えている。内容は、初編が「物価」「賃金」「倹約」「正直」「勉強」「通貨」「物価の高下」「金の利息」「政府」「租税」の十章で構成されている。二編が世に出るのは三年先（一八八〇〈明治十三〉年）になる。そちらは六章構成で、「財物集散」「保険」「銀行」「運輸交通」「公共事業」「国財」から成る。この年の二月二十八日、福沢と大隈が手を組んで推進した為替銀行「横浜正金銀行」（三菱ＵＦＪ銀行の前身）が開行し、頭取には福沢の愛弟子の一人である中村道太《みちた》が就任した。中村は三河の吉田藩出身である。

自由民権運動と福沢

「武力」で新政府を倒そうとする不平士族の反乱は西南戦争で終わりを告げ、代わって台頭したのは「言論」を駆使して政治構造を変えようとする自由民権運動である。

西南戦争の翌年（一八七八〈明治十一〉年）九月、四十五歳の福沢は、『通俗民権論』『通俗国権論』の二冊を同時刊行して国民を啓蒙した。『通俗民権論』の緒言によると、同書は六月に脱稿していたが、「民権と国権は両立すべきだが、分離すべきではない」との理由で刊行を控え、『通俗国権論』が脱稿するのを待って同時発売としたのだという。「国内で民権を主張するのは、外国に対して国権を張ろうとするためである。我が国開闢《かいびゃく》以来、民権の議論を聞かない。加えて、民権という文字も見たことがない。しかし、嘉永の開国後に至って、初めてこの論を聞き、この字を目にするというのはどうしてか。それは、日本には外国との国交がなかったから民権も起こらなかったという証拠である。したがって、民権と国権とは正しく両立させながら分離してはならない。ことに国権の事を論ぜずして民権のことのみを唱えるなら、世間ではその意味を誤解する者が多く出るに違いないと思い、先に書き終えた民権論の原稿をそのままにしておき、早々に『国権論』を書き終え、同時刊行したというわけだ。そんなわけで、二書に相通《あいつう》じていると知っていただきたい」

福沢の熱狂的信者が現れた。福沢が「適塾」の塾頭になった一八五七（安政四）年に、土佐藩士の子として誕生した植木枝盛《うえきえもり》だ。土佐は、自由民権運動の代表者である板垣退助のお膝元。植木は、少年時代から福沢の著書を読んで多大な影響を受け、福沢が慶應義塾の敷地内に建てた演説会館へせっせと足を運んで弁論術を磨き、板垣退助の薫陶を受けて自由民権運動の指導者になって、『民権自由論』（一八七九〈明治十二〉年六月刊）を書き、自由民権思想をわかりやすい言葉で表現した「民権田舎歌」を巻末付録として加えた。

「自由なるぞや人間のからだ　頭も足も備はりて」で始まる七十五行詩で、「行くも自由よ止《とま》るも自由　食うも自由に生《いき》るも自由」「視《み》たり聞たり皆自由　自由にするのが我《わが》権利自由の権利を誰も持つ　権利張れよや国の人　自由は天の賜《たまもの》じゃ」のような言葉を連ねて、四十一行目に次の句になる。

天の人間を造るのハ　天下萬人《ばんにん》皆同じ　人の上にハ人ハなく　人の下にも人はない　こが人間の同権じゃ　権利張れよや国の人

〝海戦の王者〟岩崎弥太郎の独占主義

ここで、〝三菱財閥の生みの親である巨人〟岩崎弥太郎と福沢、渋沢の関係に触れたい。一八七一（明治四）年に「廃藩置県」が断行されて藩が消滅すると、ほとんどの武士は絶望的な気持ちに陥ったが、土佐藩出身の岩崎弥太郎は逆にビジネスチャンスと捉えた。三十六歳のときに藩出資の海運業「九十九《つくも》商会」を譲り受け、同商会が保有していた船を大阪・土佐間で運航することで商売の糸口を掴んだのである。一八七三（明治六）年には社名を「三菱商会」と改称し、東京に本拠を移して東京・大阪航路を就航させた。

岩崎は、坂本龍馬と同じ土佐藩の「郷士《ごうし》」（半農半士の下級武士）で、一家は貧しい暮らしを強いられ、藩こそ異なるが中津藩の下士だった福沢と同じように、上士から虫けらのように扱われて屈辱感を味わう場面も多く、そこから脱出したいという願望が強かった。岩崎もまた、福沢や渋沢と同じように屈辱感をバネにして飛躍するのである。

その頃、日本の内外航路は、欧米の海運会社に独占されつつあった。危機感を覚えた明治政府は、三井などの豪商に命じて半官半民の「日本国郵便蒸気船会社」を一八七二（明治五）年八月に設立させた。同社には政府所有船と旧藩所有船が十隻払い下げられたが、経営陣は覇気に乏しく、汽船数隻しか持っていない三菱商会に競《せ》り負けていた。しかも、一八七四（明治七）年に「征台《せいたい》の役」が勃発すると、軍需輸送を要請する政府に対し、あれやこれやと理屈をつけて渋る始末。そこに、岩崎の付け入る隙が生まれた。三菱商会は、政府の求めを快諾して兵員や武器を台湾へ輸送し、政府に大きな貸しをつくったのである。

外国の海運会社を駆逐したかった政府は、一八七五（明治八）年一月、岩崎に「横浜・上海航路」への進出を命じた。その結果、アメリカのＰＭ社との間で激しい運賃値下げ競争が展開されるが、先に音を上げたのはＰＭ社。日本の沿岸航路から撤退した。勢いに乗る三菱商会は、返す刀で、その航路を引き継いだイギリスのＰ＆Ｏ社をも半年で駆逐、内外航路を妨げる外敵は消えた。

征台の役で「政商」となった岩崎は、三年後の西南戦争でも〝死の商人〟となって大儲けする。政府で岩崎を強力にバックアップしていたのは、大隈重信だった。三菱商会は、政府の厚い保護政策下で何十隻もの船舶を無償で手に入れ、助成金をもらって快進撃を続け、社名を「郵便汽船三菱会社」と改め、日本最大の船会社に成長。「独占主義」を標榜する剛腕岩崎弥太郎の独壇場かと思われたが、岩崎の庇護者だった大隈重信に異変が生じた。「明治十四年の政変」が勃発し、政府から追放されたのだ。

政変の詳細は次項で説明するが、政府は「三菱保護」から「三菱弾圧」へと海運方針を一変させ、渋沢、益田孝（旧三井物産の創設者）らを発起人とするライバル企業「共同運輸会社」を設立させ、三菱独走に待ったをかけた。かくて海運業は二強による運賃値引き・値下げ競争時代に突入し、ここに〝岩崎vs渋沢の死闘〟の幕が切って落とされたのである。

ここで、話はその三年前に遡《さかのぼ》る。一八七八（明治十一）年八月某日、渋沢は岩崎から向島の料亭に接待され、屋形船で隅田川にくりだした。渋沢三十九歳、岩崎四十五歳である。一緒に手を組もうという誘いらしかったが、「共存主義の渋沢」と「独占主義の岩崎」とでは水と油。論争は次第に激化し、岩崎が席を立った隙に、渋沢は居合わせた顔見知りの芸者の手を引いて離席、戻らなかった。逃げたと知って岩崎は激怒し、以来、二人は犬猿の仲となった。渋沢が益田らと組んで「風帆船《ふうはんせん》会社」を設立するのは、その事件から二年後のことだった。やがて同社は他の二社と合併して前述の「共同運輸会社」に改称した。

そういう劇的な経緯があったのだ。三菱と共同は、苛烈な値引き合戦を展開するが、次第に消耗戦となり、共倒れの危険性が生じたため、西郷従道（農商務卿）と井上馨（参議）は、両社を合併させた。「日本郵船株式会社」の誕生である。

岩崎は渋沢を〝不倶戴天《ふぐたいてん》の敵〟と思いながら一八八五（明治十八）年に五十二歳で死んでいったが、それから三十七年が過ぎた一九二二（大正十一）年、信じがたいことが起こる。岩崎の孫娘である木内登喜子《きうちときこ》（弥太郎の次女磯路《いそじ》の次女）が渋沢の孫の敬三と恋愛結婚したのだ。詳しくは後述するが、敬三は、渋沢が長男篤二を廃嫡にし、後継者に指名した篤二の長男だった。

渋沢家を揺るがす大事件によって図らずも渋沢家を継ぐことになった敬三は、父の失敗に学んだ。東京帝大経済学部を卒業すると、祖父栄一にいわれるままに祖父が創設した横浜正金銀行に就職し、戦時下の一九四四（昭和十九）年には日銀総裁を務め、終戦直後の一九四五（昭和二十）年十月に縁戚関係にあった幣原喜重郎《しではらきじゅうろう》が総理大臣（第四十四代）になると大蔵大臣に就いた。民俗学者としても高名だった。

前出の益田孝と渋沢の関係についても付記しておきたい。益田孝の親分は渋沢と同じ井上馨である。益田は、井上に勧められて一八七二（明治五）年に大蔵省に入り、渋沢と知り合うが、一年後には井上や渋沢と一緒に辞めている。益田と井上は、その翌年に「先収会社《せんしゅう》」（旧三井物産の前身）を創立、益田が頭取を務めた。『自叙 益田孝翁伝』によると、「先収会社の時分には、渋沢さんにお目に掛かることはあまり頻繁ではなかったが、明治九年に旧三井物産を創立して以後は、頻繁にお目に掛かり、ほとんどお目に掛からぬ日はないくらいであった。実に親切な人で、一旦世話をすればどこまでも世話をする。渋沢さんは、零細な資金を集めて事業を起そうという主義であった。私も、若い時分から外国人につき外国のことを学んだのであるから、この主義にはむろん大賛成である」

福沢の反論「明治辛巳紀事《かのとみきじ》」

福沢の四十代は、前半と後半とでかなり落差があった。前半は、三十九歳のときに書いた『学問のすゝめ』で旋風を巻き起こした勢いを駆って、次々と話題作を世に送ったが、四十代後半になると、慶應義塾があわや廃塾という危機に立たされたり、「明治十四年の政変」では〝陰謀家〟呼ばわりされるなど、波乱を生じた。

「明治十四年の政変」は、参議の井上馨と伊藤博文が筆頭参議の大隈重信の一派を追放したクーデターで、一八八一（明治十四）年十月十一日深更《しんこう》に勃発した。明治天皇の東北巡幸に随行していた大隈の帰京を待って開かれた緊急御前会議で、大隈の辞任決議がなされたのである。理由は、まだ公表されていない「北海道開拓使官有物払下げ事件」を大隈がリークしたということだった。

引き金となった重大問題は、次の二点である。一つはその「北海道開拓使官有物払下げ事件」で、もう一つは「国会開設の時期をめぐる争い」だ。自由民権運動が激しくなった時代で、政府でも「国会の開設時期」をめぐる論争が盛んになり、即時開設を断行すべきと主張する大隈の「急進論」と、十年後の開設をじっくり目指そうとする伊藤博文、井上馨らの「漸進論《ぜんしん》」が激突していた。大隈は「イギリス流議院内閣制」で、伊藤・井上は「プロイセン（ドイツ）流立憲君主制」という違いがあったが、当初三人はうまくいっているように見えた。福沢もそう信じていた一人だった。

一部始終はこうだった、と福沢は「明治辛巳紀事《かのとみきじ》」に記している。政変の前年（明治十三年）暮れのある日、福沢が大隈重信に呼ばれて邸を訪ねると、伊藤と井上もおり、その三人から「政府の新聞を出したいので、引き受けてくれないか」と懇請された。

福沢は大隈邸での即答は控え、翌年一月初めに井上邸を訪れ、断った。すると井上が「政府には国会開設の決心がある」と打ち明けた。福沢の平素から主張していることが実現するのだ。「然《しか》らば、一臂《いっぴ》を振るわん」（そういうことなら、自分も微力ながら尽力したい）と気持ちが動いた。そのときの福沢の思いを、愛弟子の石河幹明《いしかわかんめい》が伝記『福沢諭吉』に、こう記している。

「先生は大隈、伊藤、井上の三人を同心一体のものと認め、新聞紙発兌《はつだ》（発行）のことを引き受けられたのである。然《しか》るに、大隈一人が政府より退けられ、自分はその巻き添えとして（大隈と福沢が手を組んだとの）嫌疑を蒙るのみならず、義塾縁故の者をことごとく排斥せんとする政府の態度を憤られ、伊藤・井上両人に対し、再三長文の詰問的書面を遣《つか》わされたが、両人よりは遂に一言の弁明もなかったので、このとき以来両人との交際が断絶したのはいうまでもない」

福沢自身も、「明治辛巳紀事」で原因を次のように推測している。

「少なくとも、(明治)十三年の暮れから十四年の春ころまでは、三人の意見は一致していた。井上と伊藤は、最初のうちは大隈と相談して国会開設のことを企てたが、容易には実現できないと察して途中で変節し、ただ一大眼目たる大隈を除くという一点に絞って、さまざまな小細工をしたのではないか。『大隈は、政府の機密を世間に漏らして民権家と結託した、政府に対する不忠者だ』と世間に訴えたかったが、その証拠がなく、大隈と懇意にしている福沢を持ち出したのではないか」

政変の翌年三月、福沢が四十九歳で新聞「時事新報」を独力で創刊した背景には、このような出来事があったのである。

事件から十一年後の一八九二(明治二十五)年、松方内閣が総辞職して伊藤が内閣を組閣したとき、内務大臣に就任した井上が訪ねてきたと福沢が石河に語ったという。

「元来、淡白な男だから何事も打ち明けて帰って行った。伊藤もそのうちに来るだろう」

伊藤がやって来るのは、それから六年後の一八九八(明治三十一)年五月。福沢が広尾の別邸で「園遊会」を催し、伊藤にも招待状を送ると井上と一緒に来たのだ。「先生は喜んでこれを迎え、食卓には三人居並び、非常に愉快そうに会談した。先生はその後まもなく大患《たいかん》（脳溢血）に罹《かか》られ、病後は政治家などに会われなかったから、これが最後の会見であった」（石河幹明『福沢諭吉』）

余談めくが、大隈邸には多くの政財界人が集まった。渋沢と福沢が大隈邸で将棋を指したときのやりとりが面白い。「福沢はなかなか口が悪く、『商売人にしては割合強い』というから、私も『ヘボ学者にしては強い』と応酬した」と渋沢がいっているのだ。もっとも、その日は岩崎弥太郎も来ていて、渋沢は日本初の保険会社「東京海上保険会社」（東京海上日動火災保険の前身）を創設する話をしたのだが、「何をするにも金がなくては」が口癖の福沢は「あまりにも進みすぎている」と否定的だったのに対し、大隈は「ぜひやらねばならぬ。保険を実施しないと金融が融通しない」と肯定したという。同社の設立は一八七九（明治十二年）なので、その頃の話である。

福沢人脈救済のために早稲田を創立

大隈重信は佐賀藩出身だったが、長州閥の〝頭領〟木戸孝允にまず気に入られ、次いで〝副頭領〟大久保利通にも目をかけられ、外交などに手腕を発揮して参議にまで上り詰めた。

木戸は大隈の急進主義を認めていたが、大久保はしばしば注意した。だが、そんな二人はすでに鬼籍の人。止める者が誰もおらず、せっかちな大隈は先走った動きに出てしまった。左大臣に就任した有栖川宮《ありすがわのみや》（熾仁《たるひと》親王）が、一八八〇（明治十三）年二月に「立憲政治に関する意見書（憲法制定、国会開設）を提出せよ」と参議に命じたのが発端だった。当時の参議は、筆頭が大隈で、大木喬任《たかとう》、伊藤博文、寺島宗則《てらしまむねのり》、山縣有朋、黒田清隆、川村純義《すみよし》、井上馨、山田顕義《あきよし》の九人だったが、彼らは思い思いの時期に意見書を提出した。

大隈は有栖川宮に催促されて、命令から一年を超えた翌一八八一（明治十四）年三月にようやく「私権憲法草案」（私擬憲法）を提示したが、宮は一読して急進的すぎる内容に驚き、三条や岩倉に見せ、岩倉はさらに伊藤らに見せたために政府内で論議が巻き起こった。

雑談めくが、当時の内閣制度は西欧流ではなく、昔ながらの三大臣（太政大臣・左大臣・右大臣）が参議・各省の卿を統括しており、太政大臣が三条、左大臣が有栖川宮、右大臣が岩倉だった。有栖川宮は十七歳のときに六歳の和宮《かずのみや》と婚約したが、政略結婚のため婚約を破棄され、和宮は第十四代将軍家茂に嫁いだという悲劇の人だった。そして西郷隆盛率いる官軍が江戸に攻め上るときのトップで、「〽宮さん、宮さん、お馬の前にひらひらするのはなんじゃいな」と歌われた「宮さん」は有栖川宮でもあったのだ。作詞は品川弥次郎である。

話を戻すと、大隈が有栖川宮にこっそり提示した「私権憲法草案」（私擬憲法）は、小野文雄が書いた。小野や小幡篤次郎、中上川《なかみがわ》彦次郎、馬場辰猪《たつい》ら塾生OBは、福沢の発案で一八八〇（明治十三）年一月に設立された本邦初の社交クラブ「交詢社《こうじゅんしゃ》」に集って、立憲制度の必要性について議論をするだけでなく、大隈とも一緒に取り組んでいたことから、背後に福沢諭吉がいるとの誤解を政府内に招いたのである。一悶着あって大隈が謝罪し、一件落着したはずだった。が、折あしく「北海道開拓使官有物払下げ事件」が浮上した。同事件は、開拓使長官の黒田清隆が、同じ薩摩出身の五代才助（友厚）の「関西貿易会社」に官有物である「北海道開拓使」を超格安（十年間で千四百万円も投入していながら払下げ価格は三十八万円）で払下げようとした事件で、世間から「官有物を私する薩摩の横暴」と非難された。

大隈は、政府の一員でありながら閣議の内容を新聞にリークし、世論を扇動して急激な改革を行おうとしているとみられて追放されるという事態に発展したのである。

大隈を罷免した伊藤や井上らは、自分たちは「必ずしも立憲制度の樹立に反対しているのではない」ということを示すために、「開拓使払下げ中止」「十年後（一八九〇〈明治二十三〉年）の国会開設」という条件を提示しつつ、「大隈重信の追放」を断行したのである。大隈の下野で、福沢門下生の小野、矢野、中上川らの官吏も職を辞した。大隈は、彼らを食わせるために、政変の翌年（一八八二〈明治十五〉年）十月二十一日、福沢の慶應義塾に倣った私立の「東京専門学校」を創設、彼らを教師にした。早稲田大学の前身である。

世間の人は、明治十四年の政変を通じて〝福《ふく》・隈《わい》・弥太《やた》〟が役割分担しながら〝アンチ薩長藩閥の最強スクラム〟を組んでいたことを知った。いうまでもなく、大隈は政界、福沢は言論界、岩崎は実業界という分担で、共通項はイギリス流の急進的立憲政治の実現である。蛇足になるが、年齢は大隈四十四歳、岩崎四十八歳、福沢四十八歳だった。

福沢の「交詢社」が出たので、渋沢の「竜門社」についてもごく簡単に触れておこう。同社は、渋沢栄一記念財団の前身。渋沢邸に寄寓していた書生らが一八八六（明治十九）年に始めた勉強会がルーツだ。「竜門社」の命名者は、少年期の渋沢に勉強を教えた従兄尾高惇忠《あつただ》である。なお、交詢社は、慶應義塾、時事新報と並んで「福沢の三大事業」という位置づけである。

福沢の甥が渋沢を追放

渋沢が生涯に関係した会社は四八一社もあり、最初に手掛けたのが製紙業の「王子製紙」だったことは、すでに述べた。同社の創設は、大蔵省の三等出仕時代の渋沢が、第一国立銀行をつくるに際し、「融資先の企業がなければ意味がない」との観点から、政府の為替方だった三井組、小野組、島田組に働きかけて実現した。

なぜ製紙会社だったのかといえば、当時、証書、紙幣、印紙などの洋紙需要が急速に高まっていた点に着眼したからだ。同社の沿革は、一八七三（明治六）年二月に資本金十五万円の「抄紙《しょうし》会社」という社名でスタートし、一八七六（明治九）年に「製紙会社」、次いで商法が施行された一八九三（明治二十六）年に現在の「王子製紙」に変えた。

社名変更する二年前、一八九一（明治二十四）年のこと。渋沢は三井に「倍額増資をしたい」と申し入れた。すると、王子製紙を乗っ取ろうと虎視眈々と狙っていた三井は「引き受ける条件として、三井の代表を専務として受け入れてもらいたい」と返答した。これが〝渋沢追放劇〟の序幕となるのだが、〝誠意の人〟渋沢は疑いもせず、その条件を呑んだ。

王子製紙の乗っ取りを仕掛けたのは、福沢の甥っ子の中上川彦次郎である。

当時の王子製紙は、渋沢一派で固められた盤石の組織を誇り、現場の総指揮は生え抜きの技師長で米国留学経験のある専務大川平三郎が辣腕をふるっていた。大川は渋沢の甥っ子（母みちが渋沢の従兄尾高新五郎〈惇忠〉の妹で、かつ渋沢の先妻千代の姉）でもあった。

中上川彦次郎は、名うての整理屋だった。腹心の部下藤山雷太に「乗っ取れ」との密命を負わせて王子製紙に送り込んだ。そして一八九八（明治三十一）年、藤山と大川が対立した。従業員は、不利な状況の大川を援護しようとストライキに突入、渋沢が調停に入ったが時すでに遅し。このとき藤原雷太は、血気盛んな三十六歳。しかも最初から「乗っ取れ」

と因果を含められて入社しているのだから、手打ちに応じるはずがなかった。

五十九歳の渋沢は九月に会長を辞任、大川とともに王子製紙を去ったのである。六十五歳の福沢諭吉が最初の脳溢血で倒れたのは、その年の同じ九月だった。

大川は、のち（一九〇三〈明治三十六〉年）に九州製紙を設立し、以後、四日市製紙、富士製紙の社長に就任するなど活躍し、「日本の製紙王」と呼ばれるようになる。

中上川彦次郎とは、どのような人物だったのか。一言でいうと「三井財閥史を語るうえで、欠かせない一人」であり、「沈没間近だった三井銀行を荒っぽい手口で短期間に再建した、とんでもない傑物」といえる。

まず注目を引くのは「福沢諭吉の甥」というブランド価値だ。中上川彦次郎は、福沢の三人いた姉の真ん中の姉の子で、福沢に似て頭がよく、行動力も抜群だったが、野心家で独断専行するところがあり、その点は岩崎弥太郎とよく似ていた。

次の特徴としては、イギリス留学時に外遊していた井上馨と親しくなり、官僚になるように誘われた点だ。官僚になったものの、大隈重信が追放された「明治十四年の政変」で退官を余儀なくされた。

井上と渋沢が親分子分の関係だったことを知っていながら、渋沢を王子製紙から追放したことからも想像がつくように、中上川の「冷血漢」ぶりは半端ではなかった。巨額の「不良貸し」で首がまわらなくなっていた三井に乗り込んだ中上川は、非情な取り立て屋となって、東本願寺からは「信長以来の冷血」といわれるなど、貸した資金を次々と強引に回収し、短期間に傾いた屋台骨を再建した。

だが最後は、恩人の井上馨のいうことに耳も貸さずに独走し、ほかの人からも見放された挙句、胃がんを患い、闘病生活に入った。福沢諭吉は一九〇一（明治三十四）年二月三日に六十八歳で長逝するが、強力なバックアップを失った中上川が四十八歳という若さで死んだのは、それから八カ月後の十月七日のことだった。週刊誌の見出し風にいうなら「中上川彦次郎の生き急いだ十年」ということになろう。

第四章　生涯、学び続ける意義〈老年期〉

還暦祝いと自叙伝執筆

一八九三（明治二十六）年、還暦を迎えた福沢に高さ一・二メートルの坐像が贈られ、十月末に慶應義塾で開披《かいひ》式が行われた。しかし福沢本人は、権威の象徴のような銅像とか肖像画の類を嫌っていたので、これが記念すべき第一号となったが、喜んではいなかった。坐像の作者は、工部美術学校でラグーザ（ヴィンチェンツォ・ラグーザ。明治政府に招かれて来日していたイタリアの彫刻家）に師事した彫刻家大熊氏広《おおくまうじひろ》で、靖国神社の大村益次郎像が有名だ。その像は現在、慶應義塾志木高校にあるが、写真で見る福沢の顔と似ていない。

この年の五月に『実業論』が上梓されたが、本書は新しく書き下ろしたものではなく、「時事新報」に連載した記事をまとめたものだった。そうした理由を福沢は「序」で、「新聞は一過性のメディアだから、実業従事者が好機を逸することがないように手元において利用しやすいようにした」と説明している。

「新聞紙は一読直ちに廃紙に属して見る者なきの常なるが故に今特に之を一小冊子に再印して便覧に供したるは、世間実業の友をして到来の時期を空しふすることなからしめんとするの微意のみ」

還暦を迎えたこともあってか、福沢が、人々を啓蒙するための新たな執筆活動は終わりに近づいていた。やるべきことはやり尽くしたという自覚があったのか、還暦を機に家族奉仕を開始する。六十一歳になると、福沢は長男（一太郎）・次男（捨次郎）を連れて郷里の中津へ墓参に出かけ、六十二歳では妻と娘を連れて広島へ旅行した。六十三歳のときには早春に家族で伊勢神宮に参拝したり、春は信州へ、晩秋には信越・上州方面へ旅行した。

福沢が『福翁自伝』の口述を開始したのは六十四歳になったときで、脱稿するのは翌年五月十一日。自伝執筆は、自身に迫りくる死期を予感したからだったのか、脳溢血で倒れるのはその四カ月後である。だが福沢の生命力は強く、瀕死の底からやがて回復、後述する塾生への遺言『修身要領』をまとめた。

一方、渋沢は一九〇〇（明治三十三）年に還暦を迎えたとき、周囲の者がそれまでの渋沢の歩みを『青淵先生六十年史』という本にして贈った。そのなかに、慶應義塾が事業を拡張するために一八九七（明治三十）年に寄付金を募集し、渋沢が三千円寄付したことが書いてあった（大卒初任給の比較で換算すると現在の二千九百万円相当）。その理由を問われて、渋沢はこう答えている。

「私は福沢氏父子と知り合いだが、私の子どもを義塾に通わせてはいないし、関係は甚だ薄い。だから縁故で寄付するのではない。私は福沢氏の教育事業の成功を喜び、多少なりとも社会に代わって氏に報いたいと思うだけだ。ああ、先生の志が篤いからだというべきだろうか」

福沢と大隈の出会い

福沢諭吉という名前を聞いて「早慶戦」を想起する人は、ライバルとしての大隈重信を連想するかもしれないが、両者がどういう間柄だったのかは案外知られていない。

大隈重信は、福沢との関係を次のように語っている。

「福沢と我輩《わがはい》と知り合いになったのは、別に動機はない。誠に偶然であった。初めはどちらも食わず嫌いで嫌忌《けんき》した。我輩の方では、旧幕府の学者にして我輩の門に来ない者は無いのに、福沢の奴だけは来ない、怪《け》しからぬ奴だ、傲慢な奴だと思っていた。福沢もあゝいう先生だから、大隈の奴、生意気千万《せんばん》だと思っていた。どちらもどちらで一寸《ちょっと》流儀違い同士だから、どちらからも近寄るということは無く食わず嫌いでいたが、確か明治七(一八七四)年頃だと思う、何でもあるところで、別に意味のある企てではなかったが、議論家や学者の会合があって、一夕、今でいう懇談会を催したことがあった。案内を受けて行って見ると面白い。向こうでも一寸変っててると思っただろう。忽《たちま》ちにして百年の知己の如くに懇意になったんである」(『大隈侯昔日譚』)

二人が意気投合した時期を、大隈は別の所では明治六(一八七三)年頃という言い方もしているが、大隈が大蔵卿に就任するのは明治六年十月二十五日(職を辞するのは明治十三年二月二十八日で六年間同職)だから、その近辺とみて明治六、七年とすると間違いがない。

明治七年は、福沢にとっては『学問のすゝめ』の執筆が佳境に入った年だった。二年前の二月に初編を出した『学問のすゝめ』が、思いがけず爆発的な人気となったことで、続編への期待の声が高まり、福沢はその声に応えようとした。明くる明治六年十一月に第二編、十二月に三編を刊行したのに続いて、明治七年には四編・五編(一月)、六編(二月)、七編(三月)、八編(四月)、九編(五月)、十編(六月)、十一編(七月)、十二・十三編(十二月)が世に出たのだ。十四編は翌年三月で、この年がたった一編だったのは、『文明論之概略』を上梓したからだった。以下は翌々年で、十五編(七月)・十六編(八月)・十七編(十一月)が立て続けに発売され、『学問のすゝめ』シリーズは完成するのである。

福沢と大隈の特徴を比較する場合、三宅雪嶺《みやけせつれい》の比較論(『偉人の跡』)が秀逸で面白い。両者は次のようだったと三宅は語っている。

「福沢の偉大なところは、その人だ。痩せ我慢に徹することができる。独立自尊の模範を垂れる点にある。大隈は、自分で気づいていないきらいなきにしもあらずで、やるべきではないことをやろうとして失敗することが多いが、福沢はそういうところは少なく、事を始めると概《おおむ》ね成功し、途中でやめることは数えるほどしかない」

三宅は一八六〇（万延元年）生まれで、大隈より二十二歳若く、福沢より二十五歳も若いジャーナリストで、一八八八（明治二十一）年に政教社《せいきょうしゃ》を結成し、機関誌「日本人」を発行して論陣を張った国粋主義者で、明治・大正・昭和を生き、終戦の年に死んだ。三宅雪嶺による福沢と大隈の対比は、一九〇一（明治三十四）年二月七日時点である。

前述の評論は「大まかな差異」だが、三宅はさらに次のような細かい対比も行っている。

【類似点】①骨格が逞しく、腕力がある。②弁舌が巧みで、ややもすれば、詭弁で人を圧してしまう。③飲み込み（理解）が速い。④貨殖に巧みなところ。⑤いたずらに貯蓄せず、事業に活用する。⑥時勢に順応するが、黙って屈従はしない。⑦実社会を動かした。⑧学校を設立し子弟を教育した。⑨新聞を使って、意見を発表した。⑩多くの部下がいて、彼らには不平もあったが服従した。⑪部下の不始末から誤解を受けることがあった。⑫事に当たって屈せず、撓《たわ》まず、痩せ我慢をした。

【相違点】①福沢は平民的。大隈は貴族的。②福沢は素町人的。大隈は公卿的。③福沢は長脇差的。大隈は大名的。④福沢は無位・無爵。大隈は二位・伯爵。⑤福沢は政党と無関係。大隈は政党と関係あり。⑥福沢は自ら教鞭をとった。大隈は自ら教鞭をとらず。⑦福沢は教育家として感化した。大隈はそうではなかった。

福沢が渋沢に送ったエール

福沢が『実業論』を刊行したのは、六十歳の五月だった。それから一カ月ほどして福沢は、渋沢の実名を挙げた記事を「時事新報」に書いた。「一覚宿昔青雲夢《ひとつおぼえしゅくせきせいうんのゆめ》」と題する一八九三（明治二十六）年六月十一日の記事で、渋沢を引き合いに出して「官僚になりたがるな。実業界に入れ」と説いた。「一覚宿昔青雲夢」がどんな内容だったのかを超訳で紹介したい。その前に解説だ。唐の玄宗皇帝に仕えた宰相張九齢《ちょうきゅうれい》が詠んだ五言絶句の詩「照鏡見白髪」（鏡に照らして白髪を見る）に材を取っている。

宿昔青雲志　蹉跎白髪年　誰知明鏡裏　形影自相憐

（宿昔青雲《しゅくせきせいうん》の志《こころざし》　蹉跎《さだ》たり白髪《はくはつ》の年《とし》　誰《たれ》か知《し》る明鏡《めいきょう》の裏《うち》　形影《けいえい》自《おのずか》ら相憐《あいあわれ》む）

「若い頃から高位高官になろうという青雲の志をいだき続けてきたが、気づけば老いて白髪だらけだ　鏡のなかでわが姿と影が慰め合っている」という意味である。

福沢は次のように書いている。超訳で紹介しよう。

「明治の社会で誰が身を実業に委《ゆだ》ねて栄誉を得、功名を成したか。それは、素町人のような低い身分からのし上がって学問・人格ともに優れた士君子《しくんし》以上の大物になって、その目的を達成した、かの有名な岩崎（弥太郎）氏に指を屈せざるを得ない。だが、彼は別格。では二番手は誰かといえば、私は渋沢栄一氏を推す。氏が大蔵省の『三等出仕《さんとうしゅっし》』を辞めて民間企業に身を転じたのは、今から約二十年も前のことになる。当時の氏の地位は今の次官クラスだが、権力はそれ以上だったのだ。今、偉くなっている連中のなかには、当時、渋沢氏の下にいた者が大勢いる。当時は官尊民卑の風潮がきわめて強かったが、成功するかどうかわからない実業の世界へ飛び込み、初志を貫き通して今日の地位を手に入れ、今や実業界の渋沢栄一の存在を知らない者はいない。大変な栄誉である。もし明治政府の一員と実業社会の第一人者とではどちらが栄誉かと尋ねる者がいたら、私は後者だと即答する」

こういう話が続いていき、福沢は、次のエールを若者たちに送って最後を締める。

「世上、幾多の渋沢氏あるべし。宿昔青雲の夢を一覚《ひとつおぼえ》し、諸先輩の事績を鑑みて自ら省み、政治以外の功名に心身を労することあらば幸甚のみ」

日清戦争で名コンビ〝文筆の福沢〟〝口述の渋沢〟

「福沢と大いに親しくなったのは、日清戦争のときだった」と渋沢はいっている。日清戦争が勃発したのは一八九四（明治二十七）年で、年齢でいうと、福沢は六十一歳、渋沢は五十五歳のときである。

渋沢は、福沢のことを常々こんな風に感じながら尊敬していたという。

「見識が高く、何物にも屈せず恐れなかった。目の付けどころが鋭い。学者なのに『国の発達は富の力に依存する』と主唱していた点は特に敬服に値する」

渋沢によると、それまでは「余と先生とは素養が違い、立場も違うので、いつも敬意を払うのみで過ごしてきた。つまり、先生は西洋学派であるが余はそうではないし、先生は学者で私は実業家という風に、終始かけ離れた生活をしてきた」という関係だった。

日本は、大国の清を相手にした戦争に突入したために、挙国一致体制を余儀なくされた。福沢と渋沢は率先して話し合い、「国民精神の鼓舞、出征者の支援、戦病死者の慰問・弔問計画」を立案し、役割を分担して事に当たることで意見の一致をみた。具体的には、福沢は「時事新報」に拠って〝文筆の人〟として国民精神を振起させ、渋沢は〝口述の人〟として企業などに声をかけて寄付金を募るというものだった。

その件に関しては、渋沢の四男秀雄が書いたものも参考になろう。

「戦争当時、福沢先生は、出征兵士の家族を後援する『報国会』という会を作って百万円の寄附金を集め、それを政府に託して兵士の家族のために活用してもらおうと提唱された。そして有志のものが会合したとき、先生は父に『私は金持ではないが一万円出しますから、あなたもそれくらいは出しなさい』とすすめた。するとこの計画を聞き伝えた伊藤博文侯が父を官邸に呼んで、『百万円の寄附金は容易に集まるまいし、もし集まっても政府が唯《ただ》もらうのはこまる。それより政府に公債募集の計画があるから、報国会もそれを引受けてくれないか』ということになり、父も公債募集に尽力した結果、全国で五千万円集まったそうである。こうした公共的な問題で父は福沢先生と数回折渉《せっしょう》したことがあったらしいが、それぞれの立場は違っていても、互いに尊敬の念は持ちつづけた」（『父　渋沢栄一』）

秀雄は端折《はしょ》って記しているが、渋沢自身の言葉を引くと「伊藤公は百万円くらいの寄付金では到底間に合わぬから、公債として五千万円の公債を募りたい。それにはぜひ銀行家と新聞社の協賛賛助を仰ぎたいのであるとの意味を懇々と諭された」ということで、渋沢と福沢は急遽、慰問の寄付金募集はやめて、五千万円の公債募集に切り替えたのだが、その時点で東京だけで二千五百万円以上が手当て出来ていたのだという。

秀雄は書いていないが、前記の話には続きがある。公債募集は翌年もう一回行われたが、渋沢が一八九四（明治二十七）年冬から一八九五（明治二十八）年春にかけて病気になって動き回れなくなり、第一銀行に応じさせるにとどまった。そういうこともあり、「福沢先生はほとんど独力で東奔西走され、また筆をとって第二回公債を成功に導かれた」と渋沢は語っている。

自叙伝の最後は「生涯の願望三箇条」

福沢は、最終章を迎えつつあった自身の人生を、次のような言葉で語った。

「私は自身の既往を顧みれば遺憾なきのみ愉快な事ばかりであるが、さて人間の慾には際限のないもので、不平を言わすればマダ〳〵幾らもある」

そして福沢は、『福翁自伝』を終えるにあたり、「生涯かけてやりたい願望」として次の三箇条を挙げた。

一、国民の気品を文明国にふさわしい高尚なものにしたい
二、宗教の力を借りてもいいから、民心を柔和にしたい
三、金を投入し、高尚な学究ができるようにしたい

自叙伝以外に、福沢にはもう一つだけ、書き遺しておきたいことがあった。新しい日本

にふさわしい女性の生き方に関する啓蒙で、『女大学評論』二十篇、『新女大学』二十三章としてまとめていた。両書は、江戸時代の女の生き方のお手本とされた貝原益軒の『女大学』への反論として書かれた。一八九七（明治三十）年八月半ばから一日に一篇ないしは二、三篇を書き継ぎ、九月二十日前後には脱稿したが、その序を自分では記せなかった。前述したように、それから一週間後の九月二十六日に最初の脳溢血を発症したからだ。そのため、福沢自身が筆を執って新たに執筆する書物はこれが最後となった。

『福翁自伝』は最初の脳溢血から九カ月後、『女大学評論・新女大学』は一年二カ月後に刊行されたが、福沢の長男一太郎と福沢のそば近くに仕えた愛弟子石河幹明が、序を併記するという異例の体裁をとっていた。

人は生まれ、そして死んでいくのが天命だが、福沢は病に倒れてなお「精神力」「気力」の衰えを見せなかったのだ。病気になった福沢を支えていたのは、渋沢のいう「志気」だったに違いない。

「誰も同じなのは血気だが、誰も同じでないのは志気だ。血気は若さに比例するが、志気は年齢とは関係ない」（『論語講義』）

福沢は十月五日の夜、「もはや回復の見込みなし」と医師が診断したにもかかわらず、奇跡的に回復、杖を突いて散歩に出られるまでになった。しかし、視力の弱化、失語症などの後遺症は残ったが、「精神気力の確《たしか》なるは旧日に異ならず」と一太郎は記している。

上皇陛下の皇太子時代の教育係で、慶應義塾の塾長も務めた小泉信三は、『学問のすゝめ』の初編を手伝った小幡篤次郎《おばたとくじろう》とともに福沢の〝秘蔵っ子のなかの秘蔵っ子〟だった小泉信吉の息子だが、『学生に与ふ』（三田文学出版部／一九四一〈昭和十六〉年刊）で、こう記している。

「先生としては、実に自分の思ふ通りになった、否、それ以上になったという心持ちがして満足に堪《た》へられなかったでせう。自伝を書いて、自分の過去を顧みれば遺憾のみか、愉快な事許《ばか》りだといって、そうして間もなく三十六年前（一九〇一〈明治三十四〉年）の二月三日に没せられたのであります」

福沢の親友にして盟友だった大隈重信は、「明治十四（一八八一）年の政変」で政界から追放されたが、翌年に立憲改進党を創立して総理（党首）に就任し、自由民権運動の一翼を担い、伊藤内閣（第一次）、松方内閣の外相として活躍したが、一八八九（明治二十二）年五十二歳のときに爆弾を投げつけられて片脚を失った。だが屈することなく義足をつけて一八九八（明治三十一）年には盟友板垣退助と憲政党を結成、日本初の政党内閣（第一次大隈内閣）を組閣した。福沢はその姿を見届け、三年後に六十八歳で逝ったのだ。大隈はさらに長生きして七十七歳のときに第二次大隈内閣を組閣、長逝するのは福沢の死から二十一年後（一九二二〈大正十一〉年）の一月十日のことになる。享年八十五。そのとき渋沢は実業団を率いて渡米しており、年が明けた一月三十日に帰国して大隈の死を知るのである。

大隈に説得されて大蔵省に入省して以来の付き合いがある渋沢は、同年二月十九日、病気療養中だったが、早稲田大学の校庭で行われた「故大隈重信追悼会」に参加し、「五十五年間で悲観的なことを聞いたことがなかったが、一度だけ弱音を聞いた」と追悼の辞を述べた。総長だった大隈が渋沢に告げた弱音とは、初代学長の高田早苗派と第二代学長天野為之派が対立し、学内を二分する騒動になった、いわゆる「早稲田騒動」（一九一七年六月～九月）に関してだった。そのとき渋沢は、大隈に頼まれて事態の収拾を図ったのだ。

塾生に宛てた遺書『修身要領』

福沢が最後の仕事にとりかかったのは、一九〇〇（明治三十三）年二月、六十七歳のときである。福沢が慶應義塾を創立して人材育成を開始したのは一八七一（明治四）年だったから、三十年近い歳月が流れていた。だが福沢は、もはや自身で筆を執ることは出来なくなっていた。学生たちと交わした質疑応答を二十九箇条にまとめたものを、福沢がチェックして訓戒集を発行した。『修身要領』である。

同書を貫くメインテーマは、〝福沢諭吉の代名詞〟となった「独立自尊」に関する十五の条項だ。福沢諭吉が永眠するのは、それから一年後の二月三日のことだ。慶應義塾で学び、二十四年間（一八九八〈明治三十一〉年～一九二三〈大正十二〉年）も塾長を務めた鎌田栄吉（文部大臣）は、「先生の教えは独立自尊という根本精神から出ていたのである」といっている。

ここでは、福沢の遺作となった『修身要領』のうち、「独立自尊」に言及した十五条項を現代語訳して紹介したい。それらを読めば、慶應義塾の教育基本精神である「独立自尊」の意味が手に取るように伝わってくる。（傍線は筆者）

第一条　品位品格を高め、智徳を磨いて、輝きが増すように努力するのが人の本分だ。男も女も独立自尊という主義を修身処世の要領とし、心に銘記して人の本分を全うしなければならない。（人は人たるの品位を進め、智徳を研《みが》き、ます〳〵其《その》光輝を発揚するを以て、本分と為《な》さざる可《べか》らず。吾党《わがとう》の男女は、独立自尊の主義を以て修身処世の要領と為《な》し、之を服膺《ふくよう》して、人たるの本分を全《まっと》うす可《べ》きものなり）

第二条　独立自尊の人とは、心身の独立を貫き、自分自身を尊重し、人としての品格品位に恥じることのない言動が取れる人をいう。（心身の独立を全うし、自《みず》から其身を尊重して、人たるの品位を辱《はずかし》めざるもの、之を独立自尊の人と云ふ）

第三条　額に汗して働き稼いで食べていく。それが独立した人生を送るための根本。独立自尊の人は自労自活の人でなければならない。（自《みず》から労して自から食《くら》ふは、人生独立の本源

なり。独立自尊の人は自労自活の人たらざる可《べか》らず）

第五条　天寿を全うすることは、人としての本分を果たすことと同義だ。どんな原因や事情があっても、自分で自分の命を断つことは独立自尊の趣旨を裏切る卑怯な背信行為であり、最も軽蔑すべき所業である。（天寿を全うするは人の本分を尽すものなり。原因事情の如何《いかん》を問はず、自《みず》から生命を害するは、独立自尊の旨に反する背理卑怯の行為にして、最も賤《いやし》む可き所なり）

第六条　いかなる場合も動じず耐え忍んで困難をものともせずに積極果敢に挑戦の精神で突き進んでいかないと、独立自尊主義は身につかない。進取の精神を確固たるものにする勇気を欠いてはならないのだ。（敢為活溌堅忍不屈《かんいかっぱつけんにんふくつ》の精神を以てするに非ざれば、独立自尊の主義を実《じつ》にするを得ず。人は進取確守の勇気を欠く可《べか》らず）

第七条　独立自尊の人は、自分の身の振り方で人に頼ったりせず、自分の頭で考え、自分の胸で判断する知力を身につけなければならない。（独立自尊の人は、一身の進退方向を他に依頼せずして、自《みず》から思慮判断するの智力を具《そな》へざる可《べか》らず）

第八条　男尊女卑は封建時代の野蛮な習慣である。文明が開化した先進国では、男女は同等かつ同位であり、お互いを敬愛し合って独立自尊を完璧なものとせねばならない。（男尊女卑は野蛮の陋習《ろうしゅう》なり。文明の男女は同等同位、互に相敬愛《あいけいあい》して各《おのおの》その独立自尊を全《まった》からしむ可《べ》し）

第九条　結婚は人生の重大事。配偶者選びには慎重を期すこと。夫婦が一つ屋根の下で互いに敬愛し独立自尊を尊重して干渉しないように暮らすことが人としての初歩的道徳だ。（結婚は人生の重大事なれば、配偶の撰択は最も慎重ならざる可らず。一夫一婦終身同室、相敬愛して、互いに独立自尊を犯さゞるは、人倫の始《はじめ》なり）

第十一条　子女も同じく独立自尊の人であるが、幼少時には父母が責任をもたなければならない。子女は、父母の教えに従って勉学に励み、成人したら、一人前の独立自尊の男女として世の中に出ていくための素養を身につけなければならない。（子女も亦《また》独立自尊の人なれども、其幼時に在《あり》ては、父母これが教養の責《せめ》に任ぜざる可《べか》らず。子女たるものは、父母の訓誨《くんかい》に従《したがっ》て孜々《しし》勉励、成長の後、独立自尊の男女として世に立つの素養を成す可《べ》きものなり）

第十二条　独立自尊の人を目指すには、男女とも、成人して社会人となってからも進んで勉強し、知識を増やし、人徳を修養し続けようとする心がけを忘れてはならない。（独立自尊の人たるを期するには、男女共に、成人の後にも、自《みず》から学問を勉め、知識を開発し、徳性を修養するの心掛を怠る可らず）

第十三条　一軒が二軒に、二軒が三軒に増えるようにして、家が次第に集まって社会のしくみができる。健全なる社会の基本は、一人一家の独立自尊にかかっているということを知っておかないといけない。（一家より数家、次第に相集りて、社会の組織を成す。健全なる社会の基《もとい》は、一人一家の独立自尊に在りと知る可《べ》し）

第十四条　社会共存の道は、自分自身の権利を護り、幸福を求めるのと同時に、他人の権利や幸福も尊重して少しも侵害することなく、自他ともに独立自尊を損なわないことが条件である。（社会共存の道は、人々《にんにん》自《みず》から権利を護り幸福を求むると同時に、他人の権利幸福を尊重して、苟《いやしく》も之を犯すことなく、以て自他の独立自尊を傷《きずつ》けざるに在り）

第十六条　責任感を持って仕事に打ち込め。仕事の大小、重軽を問わず、さぼったり中途半端にやるようでは、独立自尊の人とはいえない。（人は自ら従事する所の業務に忠実ならざる可らず。其大小軽重に論なく、苟《いやしく》も責任を怠るものは、独立自尊の人に非《あら》ざるなり）

第十七条　人づき合いで大事なのは信じること。相手を信じたら相手も自分を信じてくれるはず。互いを信じて初めて独立自尊が実現する。（人に交《まじわ》るには信を以てす可《べ》し。己《おの》れ人を信じて人も亦《また》己れを信ず。人々《にんにん》相信じて始めて自他の独立自尊を実《じつ》にするを得べし）

第二十八条　人は千差万別で、聡明な人もいればそうでない人もいるし、体が強い人もいれば弱い人もいる。聡明で頑強な人の数を増やし、そうでない人の数を減らすのが教育の力である。つまり、教育とは人に独立自尊の道を教え、それを実行する工夫について啓蒙することだ。（人の世に生るゝ、智愚強弱の差なきを得ず。智強《ちきょう》の数を増し愚弱《ぐじゃく》の数を減ずるは教育の力に在り。教育は即ち人に独立自尊の道を教へて之を躬行《きゅうこう》実践するの工風《くふう》を啓《ひら》くものなり）

※カッコ内の原文（底本）は、岩波書店「福沢諭吉選集　第三巻」を使用

独立自尊という学びの基本を教えた福沢諭吉を、鎌田栄吉は「先生は文廻し《ぶんまわ》（コンパス）のような人であった」と評している。

「コンパスには二本の脚があって、内脚《うちあし》は一定のところに固着して動かないが、外脚《そとあし》は伸縮自在、大きくも小さくもなり、ぐるぐる回って円を描く。先生の主義とか見識とかいうものは、あたかもコンパスの内脚のように一定して動かないが、その説き方はコンパスの外脚の如く、時期により、場所により、また相手の人によってどんな風にも変化してゆく。（中略）その外脚の方を見た者は、先生の説は猫の目のように始終変わってばかりいるというが、双方ともに先生の一方ばかりを見て全体の偉大なる精神を見ることができないのは愚の至りである。即ち先生は一脚を固着させながら、他の一脚を自由自在に伸縮回転させておられたのである」（鎌田栄吉『進取論』）

福沢は日本にどういう影響を与えたのか

福沢には教育者、翻訳者、思想家、著述家などさまざまな顔があったが、始まりは「下士という屈辱的な家柄から脱したい」という個人的願望だった。だが、その願望を実現するために尊攘志士のように「武力による革命路線」に走る気はなく、攘夷を否定した。福沢が目指したのは、著書を執筆し、新聞の社説を書く〝文筆の人〟であり、講義や講演をする〝口述の人〟だった。外国の書物を翻訳して西洋の進んだ思想や制度を国民に広く知らせ、「天は人の上に人を造らず」云々というわかりやすい言葉を使って、封建制度のバックボーンとなっている「儒教」の教えは古臭い思想だと気づかせるように啓蒙し、実学の効用を説いて、新しい時代に目覚めるように導く方法を福沢は選んだのだった。

そして、その目的を実現するために、「福沢の三事業」と呼ばれる慶應義塾（学問）、時事新報（メディア）、交詢社《こうじゅんしゃ》（交流の場）を創設した。慶應義塾で学んだ学生が実業界に散っていき、指導者になってさまざまな企業を育て人材を育成した。今風にいえば「マルチメディアによる相乗効果」を狙った戦略といえた。

では、そういう行動を通じて、福沢は日本社会にどういう貢献をしたのか。その疑問に答えてくれるのは著書である。

順不同で記すと、『学問のすゝめ』『学問の独立』『学者安心論』『西洋事情』『文明論之概略』『条約十一国記』『西洋旅案内』『世界国尽』『日本地図草紙』『分権論』『実業論』『通貨論』『帳合之法《ちょうあいのほう》』（西洋簿記）『民間経済録』『通俗外交論』『英国議事院談』『清英交際始末』『洋兵明鑑』『兵論』『全国徴兵論』『尊王論』『民情一新』『時事小言』『時事大勢論』『品行論』『日本男子論』『日本婦人論』『女大学評論』『新女大学』などで、文学・芸術以外のほとん

どすべての分野に影響を及ぼしたといってよい。

かくも多岐にわたっていながら、それぞれが専門域に達しているから凄いのだ。ダ・ヴィンチが〝万能の天才〟なら、福沢は〝万学の天才〟といってよいかもしれない。

たとえば、『兵論』(一八八二〈明治十五〉年十一月刊)。同書を読むと、フランス、ロシア、イタリアなど西欧六カ国の人口、歳入、陸軍人数、陸軍費、軍艦数、海軍費などの比較をはじめ、各国の実情が詳細に記されており、内容の濃さに舌を巻く。

福沢は執筆に必要な最新の洋書を「丸善」から調達していた。丸善は二〇一九(令和元)年に創業百五十周年を迎えた老舗書店だが、創業者は福沢門下生で横浜正金銀行の創設者早矢仕有的《はやしゆうてき》である。早矢仕は「ハヤシライス」の開発者としても知られている。

福沢の強みは、三井・三菱両グループ企業や渋沢の関係する幾多の企業に優秀な門下生を次から次へと送り込んでおり、〝福沢山脈〟と呼ばれるほどの豊富な逸材からなる慶應閥を構築した点だ。

山脈を形成する門下生に朝吹英二(鐘紡)、阿部泰蔵(明治生命)、阿部房次郎(東洋紡)、池田成彬《せいひん》(三井物産)、犬養毅(第二十九代内閣総理大臣)、小林一三(阪急電鉄)、荘田平五郎(三菱長崎造船所)、中上川彦次郎(三井物産)、藤山雷太(大日本製糖)、藤原銀次郎(王子製紙)、松永安左衛門(東邦電力・東京電力など、電力王)、武藤山治《さんじ》(鐘紡)らがいる。

『福澤先生追悼録』

福沢の死を慶應義塾の機関誌「三田評論」は「一代の正宗《しょうしゅう》（巨匠）、百世の師、大慈父」と報じたが、一般のメディアはどのように表現しただろうか。「慶應義塾学報臨時増刊」として明治三十四年五月六日に発行された『福沢先生追悼録』（全四百ページ）に収載されたおびただしい数の新聞記事などから拾ってみよう。「○○新聞」の「新聞」は省いた。

▼偉人・賢人・巨人……「無位無官の大宰相、白衣の議官、教育界の泰斗、社会改良の急先鋒、三田の預言者」（福音新報）「千載不世出の大偉人」（政談時報）「偉人、巨人、平民王」（新世）「明治の偉人、三田の聖人」（明教新誌）「明治の巨人」（東京経済雑誌）「明治の大先生」（東京評論）「三田の賢人、新生日本第一の恩人」（萬朝報《よろずちょうほう》）「明治年間の最大偉人、新時代の大改革家、大なる見識、高き人格」（河北新報）「稀世《きせい》の人傑。先生の人物は、フランスのボルテールよりフランクリンに近きが如し」（中外英字）「明治女子の救主」（婦女）「三田の賢人、近代日本文明の権化、開化進歩思想の源泉、日本青年の大教師、平民主義の支柱」（アドバタイザー）「一大雄弁家、日本の公開演説法の創始者」（福音新報）「明治の第一人。思想の先駆となり国民を指導し社会を改革した無位無爵の大平民」（読売）「一代の師表（世の人の模範・

手本）。「平民の気炎を揚げたる当代の巨人。その主張・その功績は、普《あまね》く世人の知る所なり」（毎日）「文力を以て闇の社会に誘導したる大豪傑。西郷、木戸、大久保、三傑と一歩も譲らざる大豪傑」（實業）

▼**大平民**……「大平民たる碩学」（信濃毎日）「明治の偉人」（教育時報）「明治の偉人、一代の師父、日本の大平民」（四日市市勢州）「明治年代のもっとも偉大なる平民」（中央）「三田丘上の一大平民」（愛媛）「三田の哲人、明治の大平民、独立自尊宗の開祖、新思想の鼓吹者《こすいしゃ》、大新聞王」（東海）

▼**文化・文明の開拓者**……「文明の案内者」（朝野）「我邦文明の権化」（馬関毎日）「日本文明の主唱者」（中外商業新報）「日本文明の先導者」（三重）「思想界に於ける革命家、建設的革命者」（人民）「日本文化の指導者。平民主義即文明主義主唱者」（山梨日日）「本邦開化の指導者」（静岡民友）「明治文化の開発者、進取思想の指導者」（名古屋市扶桑）「吾教育家の泰斗、新日本文明の先駆者、慶應義塾の創立者」（六合《りくごう》雑誌）「日本文明の大導師。実践実証の威力」（新小説）「文明の鼓吹者、民権運動の開拓者、平民主義の唱道者」（文藝倶楽部）「社会の灯明台。青年の惰眠を警覚する洪鐘《こうしょう》。独立自尊の福音」（中央公論）

▼**平民主義**……「大経世家。徹頭徹尾平民主義」（六合雑誌）「その人物の平民的なるが如く、その文章もまた平民的なり」（太陽）

渋沢の「独立自尊観」

渋沢は、福沢の主張した「独立自尊」をどう評価していたのか。

福沢は一九〇一（明治三十四）年に没したが、命日は二月三日である。二〇二〇（令和二）年の命日は福沢の百二十回忌にあたるというので、福沢家の菩提寺である中津市の明蓮寺で法要が営まれ、約六十人の関係者が参列した。その日を遡ること百三年、一九一七（大正五）年は福沢諭吉の十七回忌だったことから、当時の雑誌「現代之実業」が「福沢先生及《およ》び独立自尊論」と題した特別号を六月に発行した。

そのとき渋沢も取材を受けた。当時七十六歳だった渋沢は、「福沢先生とは、日清戦争後もいろいろな会合などで何度も顔を合わせたし、福沢邸を三回訪問したこともあり、大隈邸の午餐に招かれて歓談したこともあった」と往時を回顧し、「独立自尊は大格言だ」といって、以下のような「福沢論」を展開した。

「明治初年の時代にあっては、我国の民衆尚《な》ほ未だ旧慣（古来のならわし）を去らず、旧習（昔からの習慣）を脱せず、民間の人々と言えば、一体に卑屈に過ぎ、独立の気象に乏しかった。これを英国などの個人思想や個人主義の発達に比すれば、その差、霄壌《しょうじょう》も啻《ただ》ならなかった（天地ほどの開きがあったの意）。この迷妄の時代に於《お》いてをやである。余はその時代に於て、先生が大《おおい》に個人の力の尊ぶべきこと、個人の権力の重んず可《べ》きことを説かれたのは真に最も時宜を得たもので、先生の明智にあらずんば、容易にこれを喝破し難かった。況《ま》して当時は、国を挙げて斯《か》かる思想を危険視したるに於《おい》てをやである。余は、その時代と先生の明智とを引き較《くら》べてこそ始めて、この独立自尊の言葉に意義あり精彩ありを思うのである。勿論、この独立自尊と云うことは、今日と雖《いえど》も大に念とすべきことで、殊によい意味に於てこれを心掛けてほしい」

渋沢は、福沢を讃える一方で、老婆心から慶應義塾で学んだ者に「独立自尊を誤解しないようにせよ」と釘を刺すことも忘れなかった。

「東洋流に謙譲すべきは謙譲してこそ、一身もよく修まり、一家もよく治まり、一国もまた平和なるを得るのである。率直に申せば、この独りよがりの風が慶應義塾出身者の独立自尊をはき違えた人のなかにいないとは限らぬ。そういう人がいて、無謀な行動をあえてするに於ては、かえって福沢先生の名声を恥ずかしむるものであるゆえ、余は先生の高名のため、三田の名誉のため、そのようなことがなくなることを切望する次第である」

福沢と渋沢の共通点は何か

「独立自尊」は〝教育界の父〟福沢諭吉の専売特許ではない。〝実業界の父〟渋沢栄一も「独立自営」を勧め、「溌剌《はつらつ》たる進取の気力を養い、且つ発揮するには、真に独立独歩の人とならねばならぬ」（『論語と算盤』）と説いたように、二人には共通点も多い。そこで、最後を締めくくる意味で、改めて両者を比べてみると、以下の共通点があった。

①「読書だけが学問ではない」「実業に活かさなければ学問ではない」とする考え方。
②自分磨きの大切さを説いた。
③身分的には恵まれなかった（福沢は下級武士の家柄、渋沢は農家の出）が、学識を修め、人格を養えば、勝つことができると考えた。
④挫折体験があった（福沢は当初オランダ語を学び、途中で英語に切り替えた。渋沢は攘夷を目指したが、決行に至らなかった）。
⑤不屈の闘志があった（青少年期に身分が上の者から屈辱的な目に遭わされ、何くそと思った）。
⑥雄弁家だった（自分の考えを相手に正確に理解させせないと何もできないと説いた）。
⑦洞察力があった。
⑧プラス思考だった。
⑨有言実行力があった。
⑩海外渡航（福沢は渡米渡欧三回。渋沢は渡欧）で視野を広め、進取の精神を身につけた。

⑪国を思う気持ちが人一倍強いという自負心があった。
⑫人としてのスケールが大きかった。
⑬人材育成の達人だった。
⑭迷信が嫌いだった。
⑮弱者にやさしかった。
⑯両親との死別では、父とは福沢三歳、渋沢三十二歳で異なるが、母とは同じ一九七四（明治七）年で、福沢四十一歳、渋沢三十五歳のときだった。

渋沢の四男秀雄が見た「父と福沢の違い」も付記しておこう。

「豊前中津藩士の家に生れた福沢先生が『町人諭吉』と呼ばれ、いつも和服の着流しでおられたのに反し、関東平野の農家に生れた父が、フロックコートを着通《きとお》していたのも面白い対照である。先覚者福沢先生は西洋の新知識や民主思想を、やさしく嚙みくだいて日本国民の日常生活に溶けこませた。その所説には一脈和服の着流しに通じるような自由さが感じられる。一方、父は西洋の制度文物を輸入して、産業その他の諸事業をおこしたが、根本思想は『論語』である。その堅苦しさと洋風の結合を、フロックコートが象徴していたのかもしれない」

渋沢一族の家訓

「勉強したいが暇がないという者は、暇があっても勉強などしやしないのだ」（「学ぶに暇《いとま》あらずと謂《い》う者は、暇ありと雖《いえど》も亦《また》学ぶこと能《あた》わず」〈説山訓《せつざんくん》〉）

前漢武帝《ぶてい》の時代（紀元前二世紀）の思想書『淮南子《えなんじ》』に出てくる名言で、渋沢が七十七歳のときに上梓した代表作『論語と算盤』に引用してあるが、その三年前に渋沢は「老人には『文明の老人』と『野蛮の老人』があり、自分は文明の老人のつもりだ」といっていた。「早く老衰して一線から身を引いてしまうと、外での活動時間が大幅に減少する。文明の老人たるには学問が必須だ。たとえ身体が衰弱しても、精神は衰弱しないようにしたい。それには、学問をするしかないのだ。常に学問をして時代に遅れない人でいたら、いつまでも精神が老衰することはないだろう。ただ一時の勉強では充分でない。継続が大事だ。一生涯勉強して初めて満足できるようになる。勉強心の強い国ほど、国力が発展している。これに反して、怠惰国ほど衰弱している」

元気はつらつ、家族や一族に限らず誰にでも温かく接した渋沢にも、非情な一面があった。先述したように、後継者になるはずだった長男篤二が、妻を捨てて新橋の芸者だった愛人のもとへ走ったのを許せず、「廃嫡」としたのである。渋沢には「好きな女は愛人にすればいい。妻との離縁は絶対に許さない」という古い哲学があったが、長男は聞き入れずに妻を捨てたので、渋沢は親子の縁を切ったのだ。この大事件があったのは、七十四歳のときである。

篤二とは二十歳の年の開きがある弟秀雄は、こう証言している。

「父は花柳界で遊びもしたし、妾宅《しょうたく》も持っているし女中に手をつけたこともある。だから父は新聞や雑誌から青年男女の品行問題など持ちだされると、自分にそれを語る資格はないと遠慮していたほどである。しかし最後に篤二が罪もない妻を出してTを家へ入れると主張したのに対しては、父も『人倫にもとる』という理由で、とうとう廃嫡を断行したのである。それが当時の父の道徳であり、ある程度の社会通念でもあった。この廃嫡は父にとって生涯の痛恨事だった」(『父 渋沢栄一』)

秀雄自身も、女性問題ではなかったが、自身の願望を貫こうとして父と対立した経験がある。頭脳優秀だった秀雄は、東京帝大法科に通っていたが、純文学にはまってフランス文科に移りたいと打ち明けたことがあった。すると、渋沢は「どうか法科をつづけて、文学は趣味にしてくれないか。ワシが頼むからそうしてもらいたい」といったという。秀雄は父親の懇願を受け入れ、法科で学び続け、卒業した。

渋沢の妻は、晩年、「それにしても、論語とはうまいものをみつけなさったよ。あれが聖書だったら、てんで守れっこないものね」と皮肉たっぷりに子どもらにいったそうだが、その点、福沢は若い頃から死ぬまで色恋沙汰とは無縁で、福沢自身の著書や福沢を論じた書物のどこを読んでも、渋沢のような話は出てこない。出てくるのは、子どもの頃から飲んでいた酒に対する懺悔の話ぐらいだ。

福沢は「家訓」を残していないが、渋沢は五十二歳のときに「家訓」を記している。「余は論語を以て修身の準則と心得、これに基づきて制定した」といっている。おこがましいことだがと断りながらも「諸君の参考に供す」といって『論語講義』に載せたところに、〝論語の使徒〟ともいうべき啓蒙家渋沢の狙いが感じられる。

家訓は第一則から第三則まであり、全二十八箇条。第一則「処世接物《せつぶつ》の綱領」（七箇条）、第二則「修身斉家《しゅうしんせいか》の要」（九箇条）、第三則「子弟教育の方法」（十二箇条）で、一言でいえば『論語』の教えに忠実な〝渋沢家道徳律〟とでもいうべきもの。なにせ今から百年以上も昔の一八九一（明治二十四）年五月に書かれたものなので、今の若い人は抵抗を覚えるかもしれないが、どんなに時代が移ろうとも「人としての基本」は不変なので、たとえば「処世上の注意」を述べた第一則などは、まだ世間を知らない少年たちには役に立つ教えとなっただろうし、大人でもわが身を顧みる戒めとなっただろう。こんな内容だ。

一、益友を近づけ損友を避ざけ、苟《いやし》くも己《おのれ》に諂《へつら》ふ者を友とすべからず。

一、人に接するには必ず敬意を主とすべし。宴楽《えんらく》遊興の時と雖《いえど》も敬礼を失うことあるべからず。

一、凡《およ》そ一事をなし一物に接するにも必ず満身の精神を以てすべし。瑣事《さじ》たりともこれを苟且《かりそめ》に付すべからず。

一、富貴に驕《おご》るべからず、貴賤を患《わずら》うべからず。唯々知識を磨き徳行を修めて真誠《しんせい》の幸福を期すべし。

一、口舌《こうぜつ》は禍福のよって生ずる所の門なる故に、片言隻語《へんげんせきご》必ず妄《みだ》りにすべからず。

家康に学んだ人生訓「弘毅《こうき》の士であれ」

渋沢は、「戦国の三傑」のなかでは、家康を高く評価した。その理由はこうだ。

「家康は死ぬまで勉強をやめず、一生勉強をし通した。病が重くなって命旦夕《めいたんせき》に迫る（瀕死の状態）に及んでも、なお国を憂い、諸侯を病床に招いて、『我、死して秀忠にもし失敗あらば、侯伯（諸侯）のその器《うつわ》に当る者、代って天下の権を取るべし。天下は一人の天下にあらず』と遺言した。これ、家康がいかに勉強家であったかを示すに足る一端である」

渋沢はさらに、こうも分析する。

「家康は天台宗比叡山延暦寺の僧正天海《てんかい》や儒者藤原惺窩《せいか》に師事して、道徳上の修養を積み、死に至るまで日夜怠らずに修練したのは勤・倹・学の三つ。品性を鍛錬し、知能を磨いてきたから、老境に入っても判断を誤らず、徳川十五代三百年の泰平を持続せしめた」

家康ほど「勝って兜の緒を締めた戦国武将」はいない。天下を取ってなお、「勝つ事ばかり知りて、負くることを知らざれば、害その身にいたる」と自分を戒めた。

渋沢が自身の生き方のお手本にした教えは、その家康の説く有名な人生訓である。

「人の一生は重荷を負うて遠き道を行くが如し。急ぐべからず。不自由を常と思へば不足なし。心に望み起《おこ》らば、困窮したる時を思ひ出すべし。堪忍は無事長久の基《もとい》、怒りは敵と思へ。勝つことばかり知つて、敗《ま》くることを知らざれば、害、其《そ》の身に至る。おのれを責めて、人を責むるな。及ばざるは過ぎたるに優《まさ》れり」

広く人口に膾炙《かいしゃ》したこの人生訓は、言い得て妙、さすが徳川家康と感心するが、この通りに発言したかどうかは疑わしく、後世の人が書いたというのが今日の定説となっているものの、苦労に苦労を重ねてやっと天下を取った家康の実人生と重ね合わせると、いかにもいいそうな教訓である。だが、渋沢は家康の言葉と固く信じているだけでなく、「これ、家康が何十年もの実験上から得来《えき》たりたる事実を肺肝《はいかん》より写し出《いだ》したるものなり」とさらに踏み込んでいる。肺肝より写し出すとは、「心底から出た言葉」という意味である。

渋沢は、「家康の人生は『論語』の章句の露現《ろげん》である」といっている。その章句とは、「曾子《そうし》曰く、士《し》は以《もっ》て弘毅《こうき》ならざるべからず。任重くして道遠し。仁以て己《おの》が任となす。また重からずや。死してのち已《や》む。また遠からずや」（『論語』泰伯　第八）

渋沢はこの章句を『論語講義』で次のように解説する。現代語訳で紹介しよう。

「いやしくも人の上に立とうとする士は、弘毅であらねばならない。弘は大の意で、器量がゆったりとして大きいことをいう。小さいことに齷齪《あくせく》したり少しのことに立腹しないことが大事だ。毅は果敢に決断する意で、忍び難いことを耐え忍び、我慢に我慢を重ねてから、決断すべきことを決断することをいう。たとえ学問があり知識がある士でも、この弘毅の資質が欠けていたら、士の任務を果すことなど到底できない。

ならば、士の任務とは何か。それは、人間最大の人徳である仁の心を行動に移して、さまざまなことを達成するのが士の任務なのだ。即ち、一国なら善政を行うこと、一家なら家庭がうまくいくようにすることだ。また、会社などの集団を任されたら、社運の向上発展に尽くす者を士という。よって、士の任務は、まことに重い。堅忍不抜の精神力で最後までやり通す気魄《きはく》がなければ、とても耐え続けられない。任務は重大で、息つく暇もない忙しさだ。一国の政治も少しの間でも怠れば、すぐに国が乱れる。一集団、一家でも同様だ。少しの油断も許されない。油断は実に大敵だ。

士の任務を完璧に遂行するには、命のある限り、奮闘努力し続けなければならない。死んで初めて責任解除だ。したがって、士の進むべき道は限りなく遠い。これほど遠い道はないだろう。このように重くて遠い任務を果たすには、どうしても寛大で弘毅な士でなければならないのだ」

くりかえし出てくる「士」とは、武士、名士の士で、人として立派な者のことをいう。

「帝国劇場」は福沢と渋沢のコラボ

初めがあれば、終わりもある。渋沢は、一八七五（明治八）年に自らの手で創設した第一国立銀行の頭取を一九一六（大正五）年に辞めた。創業時は総監役で、二年後に頭取に就任したから、同行に関わった歳月はつごう四十三年もの長きにわたった。

株主代表が謝辞を述べた。大倉財閥の創始者で、渋沢と東京商法会議所（今の東京商工会議所）を設立するなど終生の親交があった大倉喜八郎である。

「当初、会社をこしらえて銀行と取り引きをするにはどうすればよいかということを、みな聞きに行った。これに対して親しく教え、かようになされ、こうすればよいと指導された。また通用の貨幣のごとき、めいめいの家にしまっておく必要はない。銀行へ預けろ、そして小切手で支払いをせよ、とみな教えなくてはわからぬ。……それをいちいち倦《う》まずたゆまず教え、導き、丹精されて、いかにも低かった程度を向上させるについて努められた渋沢君のその功績というものは実に非常なものでありました」

渋沢の曾孫にして岩崎弥太郎の曾孫でもある渋沢雅英（公益財団法人渋沢記念財団理事長）は、「（渋沢は）人に教えるかたわら自分も勉強しなければならなかった」と記している。

「当時大蔵省の検査官として来日していた英国人アレキサンダー・アラン・シャンド（『銀行簿記精法』の著者）を招いて、帳簿のつけ方、計算の方法から銀行業者の心構えにいたるまで銀行事務万端の指導を受けた。それは近ごろはやりの社員研修会のハシリであった」

（『太平洋にかける橋――渋沢栄一の生涯』）

渋沢のように何十社もの企業に関与していると、「放電」しっぱなしで、「充電」している暇はなくなってくる。渋沢はそういうことを実感していたからこそ、寸暇を惜しんで学び、充電に励み続けたのである。

どの会社も、渋沢のように親身になって相談に乗ってくれ、的確な指示を与えてくれる人物を手放したがらなかったが、渋沢は六十五歳の頃から考えていたことを七十歳の六月に実行に移した。それまで関わっていた五十九社の役員（取締役会長、監査役など）から身を引いたのである。主な社名を列記すると、次のようになる。

取締役会長……東京瓦斯《ガス》、東京石川島造船所（現ＩＨＩ）、東京人造肥料（現日産化学）、帝国ホテル、三重紡績（現東洋紡）など十社
取締役……大日本麦酒（現サッポロビール）、日本郵船、東京海上火災保険（現東京海上日動火災保険）など六社
監査役……日本興業銀行（現みずほ銀行）、浅野セメント（現日本セメント）など五社
相談役……大阪紡績（前出の三重紡績と同じで、現東洋紡）、明治製糖（現大日本明治製糖）、品川白煉瓦（現品川リフラクトリーズ）など二十九社
顧問……東洋硝子など三社

これらの企業のほか、解散清算中・設立準備中の役員の六社も入れて五十九社だ。どうしても辞めさせてもらえなかった企業が七社（第一銀行、東京貯蓄銀行、帝国劇場、東京銀行紹介所、銀行倶楽部など）残ったが、七十七歳のときにそれらも辞めた。

それらの企業のなかで異色なのは帝国劇場だ。

福沢逝去から四年が過ぎた一九〇五（明治三十八）年、欧風の劇場新設が議論された。伊藤博文が声をかけて協議に加わったメンバーは、委員長に指名された渋沢のほか、西園寺《さいおんじ》公望《きんもち》（第十二代・第十四代内閣総理大臣）、日比《ひび》翁助《おうすけ》（三越百貨店の創始者）、そして福沢の次男

捨次郎《すてじろう》および次女房《ふさ》の婿桃介《ももすけ》らだった。福沢桃介は眉目秀麗《びもくしゅうれい》で評判だったが、慶應義塾で学んでいたときの運動会での姿が房の婿探しをしていた諭吉の妻錦《きん》の目に留まり、養子に入ったという映画のような経緯がある。桃介は〝日本の女優第一号〟川上貞奴《さだやっこ》と再婚する。お堅いと世間から思われていた福沢家も、案外〝翔《と》んでいた〟のかもしれない。

帝劇の創設になぜ福沢家の者が二人も加わっているのかといえば、福沢は劇場が議題に上る十二年も前（一八九三〈明治二十六〉年）に、すでに丸の内あたりに劇場を建てる試案があると書いた手紙を荘田平五郎に送っていたのである。つまり、最初の発案者は福沢といってよかったのだ。手紙によると、福沢は劇場を建設する狙いを「府（東京府）下に新たに劇場を設けて、一切の旧弊を除去し、芝居をもって学者士君子《しくんし》の業に帰せしめん（芝居の地位を高めて学者が仕事にするようにしたい）とするの企てにて」と述べている。そのとき福沢は六十歳だった。

荘田は、弥太郎、弥之助、久弥の岩崎家三代に仕え、「三菱の大番頭」といわれた実力者だ。福沢は、三菱が丸の内の広大な土地を取得し開発しているのに着目し、劇場建設を呼びかけていたのである。

だが、その手紙から八カ月後の翌（一八九四〈明治二十七〉）年七月に日清戦争が勃発し、その計画は中止になった。その計画が再浮上し、本格的に動き出すのは福沢の没後十年を経てからだ。そして完成するのが、今もお堀端にある帝国劇場である。福沢は芝居を通じた啓蒙を射程にとらえていたが、その目論見は死後、実現されたのだ。

人生百歳時代の〝渋沢流〟健康法

「余は、若い時と余り替わらぬ働きをしている。年中同じ行事を繰り返して寸暇もなく忙しい毎日を送っている」と渋沢が口述したのは、八十五歳のときである。渋沢は九十二歳まで生きたので、八十五歳のときにはまだピンピンしており、「年中同じ行事」と渋沢がいう一日のスケジュールは、次のようだった。

毎朝六時に起床、朝食後、九時半まで来客に応対、それがすむと外出。誰かを訪問するか事務所（兜町にあった）に顔を出し、来客に応接したり部下に指示する。夕方からは、晩餐会などに出席し、移動する車中では雑誌などを読んだ。帰宅は大体午後十一時で、手紙などに目を通し、就寝は午前零時。

規則正しい日課が健康法の基本とわかるが、超人的な渋沢でさえ、さすがに「七十五、六歳を超えてからは、どうも若い時分のようにいかぬので残念に思い、自分で老いの到れるを自覚するのは、夜更かしのできぬ一点である」と感じたという。

胸の内に「憂い」をかかえ込まないことが渋沢流健康法の一つといえた。

「憂いのない者はいない。余とても公私ともに種々の心配事が絶えずある。自分の思う通りに運ばぬのを、不快に思うことがあるけれども、これを心配したら限りがなくなる」

そういうときの対処法を、渋沢は「不老不死の薬も、働くに勝る薬はあらじと思う。人は働いてさえおれば、憂いも消え、心配もなくなる」と説く。

「相手にも自分にも到らないところや行き届かないところがあり、機がまだ熟さないのだと思えば、腹も立たない。それは外でも家でも同じだ。何でもかんでも自分の思うとおりにすることは不可能なのだと思えば、苦痛でなくなるし、仕事を楽しみにして奔走していると、いつのまにか憂いも消え、心配もなくなるものだ」

なぜそうなるかというと、渋沢は「自らせねばならぬと思った仕事は、心に楽しんで熱心にこれをやることができ、これによって凡百《ぼんびゃく》の憂いを忘れ、憂えず懼《おそ》れずの境地になりうる」という確証を自身の体験を通じて実感したといい、

「病は気からというではないか。自分は年中忙しく暮らしているので、老いがやってくるのを知らないどころか、老いがすでに来ているのも知らずにいる。頭が耄碌《もうろく》してボケてしまったということはない。ただ記憶力が鈍くなったようには思う」

渋沢より三歳上の大倉喜八郎も、老い知らずで、仕事を楽しんで忙しく働き、憂いを忘れ、依然として壮者を凌ぐ元気があったそうだ。老け込まない秘訣を渋沢は、

「あまり働かず、ぶらぶらと過ごし、今日は何をしようか、明日はどうして遊ぼうかと思案にあぐんで、生活するような人にはとかく病人が多く、また年老いやすい。刀剣でも包丁でも、使用せずに放っておけば錆びてしまうのと同じ趣《おもむき》がある」

渋沢栄一、逝く

渋沢は、腸閉塞になり手術を受けることになった。その前の晩、渋沢の四男秀雄は、少年時代から父と子をつなぐ絆のような役目をはたしてきた〝お読みあげ〟と呼ぶ文学作品の読み聞かせをした。子が父に読む本の種類は、子どもの頃は『少年八犬士』などだったが、渋沢は喜んで息子の朗読に耳を傾けた。成長した秀雄が『大菩薩峠』を読んだときには、新選組が登場する場面では近藤勇や土方歳三と会ったときの思い出話をしたという。手術の前夜は、柳家小さん（三代目）の落語の速記録の読み聞かせで、渋沢は何度も何度も笑ったという。秀雄は、渋沢の死から十二年後に阪急・東宝グループの創始者小林一三の推薦で東京宝塚劇場の取締役会長になる。小林はテニスプレーヤー松岡修造の曽祖父だ。

渋沢の手術は成功したが、九十二歳の高齢だったこともあり肺炎を併発して次第に衰弱し、やがて昏睡状態に陥った。意識が戻ったのは死ぬ三日前だった。人の死に初めて立ち合うことになった当時十歳の孫娘華子は、渋沢の臨終の様子をのちにこう述懐している。

「ベッドの周囲には人垣がつくられ、室内には重苦しい空気が漂っていた。孫たちも一人一人祖父の手を握り死に水を取り惜別を告げた。祖父は、酸素吸入器の下で昏睡のまま荒い呼吸に胸を震わせていた。はじめて握った祖父の血管の浮きでた骨太の分厚い手から、大地を掌握するかのような迫力感が伝わってきた。その温りは次第に冷え、祖父の肉体が大地に帰郷してゆく瞬間に思われた。やがて堰を切ったように男たちの号泣する声が室内を震わせた。（中略）はじめて見る大の男たちの泣きざまに、私は渋沢栄一という人は偉い人なのだと、初めて実感した」（『徳川慶喜最後の忠臣　渋沢栄一――そしてその一族の人びと』）

〝実業界の元勲〟と讃えるべき渋沢栄一が息を引き取ったのは、満州事変の発端となる「柳条湖事件」が起こった三カ月後、一九三一（昭和六）年十一月十一日のことだった。日本はそこから太平洋戦争という泥沼へ突進していくわけだが、不思議なことに、その日は六百近い慈善事業に関わった渋沢を象徴するかのような「世界平和記念日」だった。

それでも、渋沢栄一は福沢諭吉より二十四年も長生きした。一九〇一（明治三十四）年二月八日に行われた福沢の葬儀では、三田の慶応義塾から菩提寺の善福寺までの道のりを一万五千人の塾生、塾員らの長い行列が続いたが、十一月十五日に青山葬儀場で葬儀が行われた渋沢の告別式でも、参会者が四万人を超えた。

「明治維新以来の英雄豪傑には西郷、大久保、木戸らの諸公がいるが、いずれも短所がある。

かれらを打って一丸とした者が二人ある。それは福沢諭吉翁と渋沢男（男爵）である」と評したのは、東京市長、法務大臣などを歴任した〝憲政の神様〟尾崎行雄である。尾崎は、一八五七（明治二十）年一八八二（明治十五）年に大隈重信が創設した立憲改進党に参加し、一八九〇年の第一回衆議院選挙に当選して以後、連続二十五回当選（最多当選）、代議士生活六十三年（議員勤続年数最長）の記録ホルダーでもある。

その尾崎に慶應義塾出身のジャーナリストが、こんな質問をしたことがあった。

「維新の三傑後の三傑は、渋沢栄一、福沢諭吉、伊藤博文だと思うが、どうでしょう」

すると尾崎は、こう答えたという。

「それはそうだ。だが、伊藤が一番おとるな。まあ渋沢が一番じゃろう」

質問者は、野依秀市《のよりひでいち》である。野依は、慶應義塾在学中に同じく塾生だった石山賢吉《けんきち》（のちダイヤモンド社創業）と「三田商業界」を発刊し、一九〇八（明治四十一）年に「実業之世界」と改め、一九三二（昭和七）年には「帝都日日新聞」を創刊した人物で、この問答は、福沢の没後三十八年、渋沢の没後八年にあたる一九三九（昭和十四）年の秋に行われた。

さて、ここに一冊の古い本がある。『赤き十字架』という書名の詩集で、版元（交蘭社）は「新鋭詩人叢書」の第六弾と銘打っている。著者は渋沢栄一で、亡くなる半年前に出版された。その詩集のなかに、若い頃の作とおぼしき興味深い一編がある。「秋の想ひ」という詩で、仕事に関する「素朴な疑問」をテーマにしている。

自分は何時《いつ》もこんなことを考へる
一體《いったい》、この世の中で
幾人の人が自分の氣《き》に入った仕事をして
自分の滿足《まんぞく》な心の澄む生活をしてゐるだろうかと。

噫《ああ》、空はだんだん高く澄んで行く
もう間もなく秋だなあ、
俺もあのやうな澄んだ心で生きて行きたい
自分の魂を打ち込める仕事に
自分と云ふものをはつきり見詰めて生きて行きたい。

『赤き十字架』には恋愛をテーマにした詩も何篇か載っており、感性のみずみずしさには目をみはるものがある。本書のあちこちで引用している渋沢の名著『論語と算盤』は論理的でわかりやすく説得力があるが、その一方でこんな豊かな感性も持ち合わせていたのだ。

俳人高浜虚子に師事した中村草田男《くさたお》が「降る雪や明治は遠くなりにけり」と詠じたのは、奇しくも、渋沢栄一が長逝する一九三一（昭和六）年の始めのことだった。

付——ざっくり掴む『学問のすゝめ』『論語と算盤』と、二人の儒教観

福沢〝反・論語派〟VS渋沢〝親・論語派〟

本書で触れたように、福沢と渋沢の『論語』に関する考え方は正反対だった。ここで改めて両者の違いを詳しく述べたい。渋沢の代表作『論語と算盤』の「論語」は、いうまでもなく中国古代の聖人孔子の言行を門人たちがまとめた「漢学」を代表する古典で、「聖人孔子の語録を弟子たちが論纂《ろんさん》（議論して編纂）した」という意味である。『論語』を貫く思想を「儒教」、儒教の研究者や教師を「儒者」といい習わしてきた。

儒教が日本に伝わったのは古く、三世紀の応神天皇（十五代）の時代である。朝鮮半島の百済の王仁《わに》が「千字文《せんじもん》」などとともに持ち込んだとの記述が『日本書紀』に見られることから、遅くとも継体《けいたい》天皇の時代（古墳時代）の五一三年に五経博士《ごきょうはかせ》が持参したと考えられる。仏教伝来は五三八年ないしは五五二年で飛鳥時代なので、儒教の方が早く伝わったことになる。五経とは、五つの経書（儒教の経典）のことで、具体的には『詩経』『書経』『礼記』『易

経』『春秋』の五つを指す。それらの経書を教える官職が「博士」だ。

儒教が日本で大きく開花するのは江戸時代だ。江戸幕府が「儒教」を武士が守るべき規範と定め、「五常」と呼ばれる「仁・義・礼・智・信」を儒教精神の柱とした。

それに対し、「算盤」の方は、いうまでもなく「金銭勘定をするのに使う商人の必携具」で、「商売や企業経営」を意味する。

渋沢は『論語と算盤』で、「論語主義はおのれを律する教旨であって、人はかくあれ、かくありたいというように、むしろ消極的に人道を説いたものである」（「算盤と権利」―仁に当っては師に譲らず）と解説しているが、論語主義を説く儒教は、特権階級である武士のものだったから、商人たちは関心を示さず、道徳観念を軽んじた商法が横行していた。そういう商人を武士たちは、「物品を右から左へ流すだけで暴利をむさぼっている卑しい輩」と見下し、身分制度では士農工商と一番下に位置づけたのである。

したがって、論語と算盤は、本来、相いれない関係のものである。だが、渋沢は、「士人に武士道が必要であったごとく、商工業者もまたその道が無くては叶わぬことで、商工業者に道徳が要らぬなどとはとんでもない間違いであったのである」と反駁《はんばく》した。

「余は平生の経験から、自己の説として、『論語と算盤は一致すべきものである』と言っている。（中略）一個の実業家としても、経済と道徳との一致を勉むるために、常に論語と算盤との調和が肝要であると手軽く説明して、一般の人々が平易にその注意を怠らぬように導きつつあるのである」（「仁義と富貴」—罪は金銭にあらず）

論語と算盤がなぜ一致するのか、その理由を渋沢は、こう説明している。

「算盤は論語によってできている。論語はまた算盤によって本当の富が活動されるものである。ゆえに論語と算盤は、甚だ遠くして甚だ近いものであると始終論じておるのである」

ところが福沢諭吉は、『論語』に代表される「漢学」や「儒教」にまっこうから反論した。なぜなのか。

「今の開国の時節に、陳《ふる》く腐《くさ》れた漢説が後進少年生の脳中にわだかまっては、とても西洋の文明は国に入ることが出来ない（中略）日本国中の漢学者はみな来い、乃公《おれ》が一人で相手になろうというような決心であった」（『福翁自伝』）

福沢は『学問のすゝめ』でも批判している。

「孔子が活躍した時代は、明治から遡ること二千有余年という野蛮で文明未開の世の中だったから、教える内容もその時代の風俗や人情に即したものとし、民衆の心をつかんで離さないために、そうするのはよくないと知っていながら、権限で束縛する道を選んだのである。もし孔子が真の聖人で、遠い後世を鋭く洞察できる見識があったなら、権威で束縛する道に満足することはなかったはずだ。つまり、後世に孔子を学ぶ者は、その時代の考え方を計算に入れて取捨選択する必要があるということだ。二千年前に行われた教えをそっくりそのまま学ぼうとする者は、物事の価値や評価をともに語る資格のない人である」（「第十三編　怨望の人間に害あるを論ず」）

『学問のすゝめ』は学問だけを説いた本ではない

『学問のすゝめ』を読んだことがない人は、書名からの連想で「一冊（全十七編）丸々学問論」と早合点しがちだが、そうではない。「学問」は主要テーマの一つではあるが、「自由平等」「独立自尊」「官尊民卑の打破」といったテーマも熱く論じており、分量としてはむしろそちらの方が多いことを知っておきたい。各編のダイジェストを紹介すると煩雑になるので、ここでは、ごく簡単な説明だけにする。

「初編」は、いきなり「天は人の上に人を造らず」という例の「天賦人権論」から入っており、最後の「端書《はしがき》」（あとがき）のところで、書いた理由を数行で解説している。要するに、福沢の郷里の大分の中津が公立学校を開校することになり、頼まれて「学問の趣意」を書いたところ大好評で、世間一般にも公表せよと勧められてそうしたというのだ。当初はこれで終わりのはずが、大人気となったために、二編以降を書き継いだのである。

「二編」は「端書」から始まり、「学問」に関することが述べられるが、続いて「人は同等なる事」という見出しの本論が展開される。

「三編」のテーマは「独立自尊」で、具体的な見出しは「国は同等なる事」「一身独立して一国独立する事」となっており、国家の独立自尊と個人の独立自尊が説かれている。

「四編」は「官尊民卑」という旧弊を打破するための「学者の職分を論ず」と題された論で、当時の学者の結社「明六社《めいろくしゃ》」の集まりで福沢が話した内容なので、質問に対する返答を記した「附録」がついている。

「五編」は「明治七年一月一日の詞」とのみ書かれている。年頭に慶応義塾で塾生らを激励した言葉が綴られ、冒頭で『学問のすゝめ』を書いた意図などを述べている。

「六編」は「国法の貴きを論ず」、「七編」は「国民の職分を論ず」で、フランシス・ウェーランド（Francis Wayland／アメリカのバプテスト派の牧師）の『修身論』（Elements of Moral Science）を翻訳して、国の役割、国民の役割について言及。学問とは直接関係はない。

「八編」は「我心《がしん》（自我にとらわれた）をもって他人の身を制すべからず」で、これもウェーランドの『修身論』に拠った「個人の自由論」となっている。

「九編」と「十編」は「学問」がテーマで、「学問の旨を二様に記して中津の旧友に贈る文」「前編の続、中津の旧友に贈る」という見出しからわかるように地方学生へのエールだ。

「十一編」は、外国への依存心を戒めた「名分をもって偽君子を生ずるの論」で、八編の続編的内容である。男尊女卑と家父長制度の弊害を批判している。

「十二編」は「演説の法を勧むるの説」。演説を「スピーチ」と名づけたのは福沢である。それまで日本には演説という習慣はなく、自由民権運動の演説会へと発展していく。本編では、さらに「人の品行は高尚ならざるべからざるの論」という見出しも続いている。

「十三編」は「怨望の人間に害あるを論ず」で、「自由論」である。

「十四編」は「心事の棚卸」と「世話の字の義」。世話には「保護」と「命令」という二つの意味があると論じている。

「十五編」は「事物を疑いて取捨を断ずる事」。先進の西洋文明だが、取り入れる際には、是非を判断して取捨選択せよと説いている。初編から四年目（明治九年）に刊行され、洋風化にも変化が生じてきたことが感じ取れる。

「十六編」は「手近く独立を守る事」と「心事と働きと相当すべきの論」で構成。最終編の「十七編」は「人望論」で締めくくった。

ウェーランドという人物について、簡単に記しておこう。「六編」の解説で触れたように、アメリカのバプテスト派の牧師で、日本では『修身論』（訳者は阿部泰蔵）は初等教育の修身教科書（一八七四〈明治七〉年刊）として使われた。

『論語と算盤』は論語だらけの本ではない

『論語と算盤』は、書名からの連想で『論語』が次々と出てくるに違いないと思われ、学校で「漢文」を学ばなかった若い人たちからは敬遠されがちだったが、そんなにたくさん出てくるわけではない。原文に第一章、第二章とは書いてないが、「大見出し」を章とみなすと、全十章に引用されている『論語』は一番多い第一章で八つ、それ以外では二つから五つまでと少なく、しかも引用されている文章は短いものがほとんどである。ただし、『論語』以外に『孟子』『中庸』などの中国古典の引用も数は少ないが、ある。そのほか、巻頭・巻末に「格言五則」と題した中国の古典の短い名句が示され、章によっては終わりに一つか二つ名句が記されている（一章のみ三つ。二章・十章はなし）が、読みたい人だけ読めばいいという感じで、威圧感はなく、気軽に取り組める印象だ。

『論語と算盤』の全編は、以下のような章仕立てになっている。

一　処世と信条　二　立志と学問　三　常識と習慣　四　仁義と富貴　五　理想と迷信
六　人格と修養　七　算盤と権利　八　実業と士道　九　教育と情誼　十　成敗と運命

『学問のすゝめ』も『論語と算盤』も、「学問は日常生活に役立たせることが大事」と「実学」の重要性を説いている点では共通するが、「社会人としてどう生きるべきか」という観点から、あるいは「実用書」として評価するなら、当初、小学校の教科書に使われた『学問のすゝめ』より『論語と算盤』の方が学べる点が多いといえる。

いくつかの小見出しの比較からもそのことが理解できるだろう。ただし、『学問のすゝめ』の方は、後世の学者らが読みやすくするためにつけた小見出しである。ここでは、伊藤正雄訳の岩波現代文庫（一九七七〈昭和五十二〉年発行の社会思想社「現代教養文庫」が原典）の目次からランダムにピックアップしたい。ざっと眺めて読んだ気になるのも一興。興味を覚えたら読めばよく、無理に読んでも身につかないであろう。

では、両書の「小見出し比較」である。小見出しは、映画やテレビドラマでいえば、予告編のようなもの。本編を想像できる効果がある。著者がどんなことを伝えたいのかをざっくり掴むこともできる便利なものなので、決して馬鹿にしてはいけない。

▼『学問のすゝめ』……「天賦の人権」「学問の必要」「実学の効用」「自由の意義」「排外思想の愚」「言論の自由」「基本的人権の平等」「愛国心と独立心」「儒教流政治の危険」「学

者独立の急務」「慶応義塾の使命」「男尊女卑の悪習」「親の責任」「活躍自在の好機」「演説の効用」「必要な人格と見識」「目標を高く持て」「対話の効果」「ギブ・アンド・テークの原理」「西洋文明は会議の産物」「真理探究の苦難」「大切な精神の独立」「言行一致の困難」「見識高くて実行力なき人」「顔つきを明るくすること」「交際を広く求めること」

▼『論語と算盤』……「天は人を罰せず」「人物の観察法」「論語は万人共通の実用的教訓」「人は平等なるべし」「蟹穴《かにあな》主義が肝要」「精神老衰の予防法」「社会と学問との関係」「一生涯に歩むべき道」「常識とは如何なるものか」「習慣の感染性と伝播力」「人生は努力にあり」「真正の利殖法」「罪は金銭にあらず」「道理ある希望を持て」「人生観の両面」「平生の心掛けが大切」「権威ある人格養成法」「商業に国境なし」「ただ王道あるのみ」「武士道はすなわち実業道なり」「模倣時代に別れよ」「理論より実際」「細心にして大胆なれ」

たかが小見出し、されど小見出し。本文を読まなくても、良書の違いが伝わってくるはずだ。大雑把にいうと、書名が示すとおり、『学問のすゝめ』は〝アカデミックな感覚の学習書〟、『論語と算盤』は〝さばけた感覚のビジネス書〟とみなせるのである。つまり、どちらか一方だけを読むより両方読んだ方がよいということになる。

福・渋の「腐儒《ふじゅ》」批判

渋沢を〝親・論語〟、福沢を〝反・論語〟という対立軸で紹介してきたが、そういう価値観で単純にバッサリ切ってしまうと、過ちを犯すことになる。渋沢も福沢も〝腐儒《ふじゅ》嫌い〟という点では一致しているからだ。

いきなり時代が飛ぶが、一八九八（明治三十一）年の三月、六十五歳になった福沢が「時事新報」に数日間にわたって連載した論説「排外思想と儒教主義」「儒教主義の害は其《その》腐敗にあり」などを読むと、福沢は「論語」そのものを否定しているのではなく、論語本来の意味を歪め曲げて解釈した儒者らを「腐儒」と痛撃していることがよくわかる。

その翌年の五月に刊行された『福翁自伝』には、その理由も書いてある。

「私は唯《た》だ漢学が不信仰で、漢学に重きを置かぬ計《ばか》りでない。一歩を進めて所謂《いわゆる》腐儒の腐説を一掃して遣《や》ろうと若い時から心掛けました。ソコで尋常一様の洋学者や通詞《つうじ》（通訳）などと云ふやうな者が漢学者の事を悪く云ふのは普通の話で餘《あま》り毒にもならぬ。所が私は随分漢書を讀《よ》んで居る。讀んで居《い》ながら知らない風をして毒々敷《し》い事を言ふから憎まれずには居られない。他人に對しては眞実素人のやうな風をして居るけれども、漢学者の使ふ故事などは大抵知って居る、と云ふのは前にも申した通り」

渋沢はどうか。渋沢が『論語』に本腰を入れて取り組むのは、官を辞して実業の道へ転身した一八七三（明治六）年、三十五歳からで、「論語の教訓を生き方の標準として一生商業をやってみよう」と決心したのだが、「腐儒」はやはり批判の対象とした。

その主張をわかりやすく表現すると、こんな感じになる。

「朱子学派と呼ばれる宋儒やそれを真似した日本の儒者は、『論語』の字句の読み方や解釈ばかり重点を置き、孔子の説く教えを実際の行動に活かそうとしない。知と行が別々だ。腐っている」

そうした不満が鬱積し、〝実践の人〟渋沢は「知行《ちこう》別々の朱子学」から「知行合一《ちこうごういつ》の陽明学」へ宗旨替えをし、七十歳近い頃には陽明学会の会員で講演などし、評議員に推選された。日本で最初に朱子学の矛盾を指摘し、『翁問答』に記したのは中江藤樹である。よって、中江を〝日本陽明学の祖〟と呼ぶ。『翁問答』に関心のある向きは、拙訳の同書をご覧ください。

『学問のすゝめ』と『西国立志編』

「明治の二大啓蒙書」と呼ばれている大ベストセラーは、前にも触れたように、「天は人の上に人を造らず、人の下に人を造らず」の『学問のすゝめ』と「天は自らを助くる者を助く」の『西国立志編』である。両書の大きな違いは、『学問のすゝめ』は福沢の創作本、『西国立志編』の方は中村正直の翻訳本だった点だ。

先に世に出たのは『西国立志編』の方で、スマイルズの英書『Self-Help』（セルフ・ヘルプ）の邦訳書として一九七一（明治四）年に出版され、一年遅れて『学問のすゝめ』が出版された。福沢は、『西国立志編』を読んで触発され、『学問のすゝめ』を書いたのだが、文体を工夫して漢文調の『西国立志編』とは比較にならないくらいわかりやすい文章にしたことで、親しみやすさに差をつけた。

◇天は自らを助くるものを助くと云へる諺は、確然經驗《しかとためしこゝろみ》格言ナリ。僅《わづか》ニ一句ノ中ニ、歴《あまね》ク人事成敗ノ實験《ためし》ヲ包藏《こめふあり》セリ。自ヲ助クと云ヿ《こと》ハ、能ク自主自立シテ他人ノ力ニ倚《よら》ざるヿなり。（『西国立志編』の出だし）

◇天は人の上に人を造らずと人の下に人を造らずと云へり。されば天より人を生ずるには、萬人は萬人、皆同じ位にして、生まれながら貴賤上下の差別なく、萬物の霊たる身と心との働を以って……（『学問のすゝめ』の出だし）

二人の共通点は、まだほかにもあった。中村が一八七三（明治六）年に小石川江戸川町に設立した私塾「同人社」は、三田の「慶應義塾」、新銭座の「攻玉社《こうぎょくしゃ》」（創立者は明治の六大教育者の一人とされる近藤真琴）と並んで〝明治の三大私塾〟といわれた。年齢も中村が二つ上と近かった。

一方、両者の相違点は、福沢が十四、五歳まで勉強しなかった〝かなりの奥手〟だったのに対し、中村は幼少時から〝勉強の鬼〟で「神童」と呼ばれていた。一八五五（安政二）年には二十四歳で学問所教授出役、二年後には学問所勤番、次いで甲府の学問所「徽典館《きてんかん》」（山梨大学の前身）の学頭、江戸に帰ると学問所の「勤番組頭勤方《つとめかた》」とトントン拍子に出世し、三十一歳で幕府の儒官の最高位である「御儒者《おじゅしゃ》」の地位に進んだ。英語に親しみ始めるのは翌年あたりで遅かった。

また、本書で再三指摘しているように、福沢が『論語』に代表される漢学を近代文明導入の障害となるとして排斥したのに対して、儒者でもあった中村はキリスト教の教えと『論語』の教えに共通するものを見出《みいだ》していた。福沢と中村の考え方は、そのように異なっていたが、後日、森有礼《もりありのり》の呼びかけで結成された日本初の学術団体「明六社」に志を同じくして集い、機関誌「明六雑誌」で健筆を競い合う間柄となる。明六社は、明治六（一八七三）年に設立されたから、そういう名称にしたのだ。

中村が『論語』にキリスト教との共通性を見出した点は、渋沢と通じることも指摘しておきたい。渋沢は、『論語と算盤』(「算盤と権利」)で、こういっている。

「基督《キリスト》教に説く所の『愛』と論語に教うるところの『仁』とは、ほとんど一致していると思われるが、そこにも自動的と他動的との差別はある。例えば、耶蘇《やそ》教の方では、『己の欲する所を人に施せ』と教えているが、孔子は、『己の欲せざる所を人に施す勿《なか》れ』と反対に説いているから、一見義務のみにて権利観念が無いようである。しかし両極は一致すといえる言のごとく、この二者も終局の目的は遂に一致するものであろうと考える」

渋沢は、宗教および聖典としては耶蘇教の教えがすぐれていると認めながらも、「人間の守るべき道としては孔子の教えがよいと思う」と断言し、その理由の一つとして「奇跡の有無」を挙げ、「孔子に対して信頼の程度を高めさせる所は、奇跡が一つもないという点である」と論じるのだ。

＊

本書のテーマが「学び」だからいうのでないが、最後を締めくくるにふさわしい書物を挙げるとすれば、渋沢が生涯のバイブルとした『論語』ではないか。「為政第二」に誰もが知っている超有名な教えが二つある。一つは「温故知新《おんこちしん》」の元になった「故《ふる》きを温《たず》ねて新しきを知る。以《もっ》て師と為《な》すべし」で、もう一つは、人生を通じた「学び」を教えてくれる次の文章である。

「子曰く、我十有五《じゅうゆうご》にして学に志す。三十にして立つ。四十にして惑わず。五十にして天命を知る。六十にして耳従《みみしたが》う。七十にして心の欲する所に従えども矩《のり》を踰《こ》えず」

本書のまとめとして、この表現に倣《なら》って福沢と渋沢の略歴を記すと、こんな感じになる。

▼諭吉曰く、我《われ》中津藩の下級藩士の子として天保五（一八三五）年に生を受け、十四にして漢学を習い始める。二十一にして蘭学《らんがく》を志し、長崎へ遊学。二十二にして大坂の緒方洪庵《おがたこうあん》の適塾《てきじゅく》に入門。二十五にして藩命で江戸へ出、築地鉄砲洲《つきじてっぽうず》に家塾《かじゅく》（のちの慶応義塾）を開く。二十七にして咸臨丸《かんりんまる》に乗船し、渡米。二十九にして渡欧、帰国後に『西洋事情』を著す。三十四にして再び渡米。三十五にして塾を新銭座《しんせんざ》に移し「慶應義塾」と命名。三十九にして『学問のすゝめ』を出版、四十三にして全十七編を書き終えると通算三百四十万部という空前の大ベストセラーとなり、世の中を一変させた。四十九にして新聞も発行。多くの後継者を育成し、六十八にして没した。

▼栄一曰く、我埼玉の富農の子として天保十一（一八四〇）年に生を受ける。七《ななつ》にして従兄の塾で『論語』を学ぶ。二十四にして攘夷思想にかぶれ、高崎城の乗っ取りと横浜焼き討ちを企み、追われる身となり、二十六にして一橋慶喜《ひとつばしよしのぶ》（のちの第十五代将軍徳川慶喜）に仕え、

武士になる。慶喜が将軍になったため二十七にして幕臣となり、慶喜の弟の随員としてパリ万博へ赴く。滞仏中に幕府は崩壊、明治維新となり帰国し、三十にして明治政府（大蔵省）に仕官。三十四にして大蔵省を退官、実業家として第一国立銀行を創設するなど、生涯で五百社近い企業の設立に関与。六百の慈善事業も手がけ、一九三一（昭和六）年九十二にして没した。

青春新書
INTELLIGENCE
こころ涌き立つ「知」の冒険

いまを生きる

"青春新書"は昭和三一年に——若い日に常にあなたの心の友として、その糧となり実になる多様な知恵が、生きる指標として勇気と力になり、すぐに役立つ——をモットーに創刊された。

そして昭和三八年、新しい時代の気運の中で、新書"プレイブックス"にその役目のバトンを渡した。「人生を自由自在に活動《プレイ》する」のキャッチコピーのもと——すべてのうっ積を吹きとばし、自由闊達な活動力を培養し、勇気と自信を生み出す最も楽しいシリーズ——となった。

いまや、私たちはバブル経済崩壊後の混沌とした価値観のただ中にいる。その価値観は常に未曾有の変貌を見せ、社会は少子高齢化し、地球規模の環境問題等は解決の兆しを見せない。私たちはあらゆる不安と懐疑に対峙している。

本シリーズ"青春新書インテリジェンス"はまさに、この時代の欲求によってプレイブックスから分化・刊行された。それは即ち、「心の中に自らの青春の輝きを失わない旺盛な知力、活力への欲求」に他ならない。応えるべきキャッチコピーは「こころ涌き立つ"知"の冒険」である。

予測のつかない時代にあって、一人ひとりの足元を照らし出すシリーズでありたいと願う。青春出版社は本年創業五〇周年を迎えた。これはひとえに長年に亘る多くの読者の熱いご支持の賜物である。社員一同深く感謝し、より一層世の中に希望と勇気の明るい光を放つ書籍を出版すべく、鋭意志すものである。

平成一七年　　刊行者　小澤源太郎

著者紹介
城島明彦〈じょうじま あきひこ〉
作家。1946年三重県生まれ。70年早稲田大学政治経済学部卒業。東宝、ソニーを経て、「けさらんぱさらん」で第62回オール讀物新人賞を受賞し、作家デビュー。以降、幅広いテーマでノンフィクション、小説を執筆。おもな著書に『武士の家訓』『ソニー燃ゆ』『世界の名家と大富豪』、現代語訳に『五輪書』『吉田松陰「留魂録」』『石田梅岩「都鄙問答」』『中江藤樹「翁問答」』などがある。

福沢諭吉《ふくざわゆきち》と渋沢栄一《しぶさわえいいち》　青春新書 INTELLIGENCE

2020年8月15日　第1刷

著者　城《じょう》島《じま》明《あき》彦《ひこ》

発行者　小澤源太郎

責任編集　株式会社プライム涌光
電話　編集部　03(3203)2850

発行所　東京都新宿区若松町12番1号 〒162-0056　株式会社青春出版社
電話　営業部　03(3207)1916　振替番号　00190-7-98602

印刷・中央精版印刷　製本・ナショナル製本

ISBN978-4-413-04598-8